Loa a la tierra

Byung-Chul Han

LOA A LA TIERRA
Un viaje al jardín

Ilustraciones de Isabella Gresser

Traducción de Alberto Ciria

Herder

Título original: Lob der Erde
Traducción: Alberto Ciria
Diseño de la cubierta: Ferran Fernández

© 2017, Byung-Chul Han e Isabella Gresser
© 2019, Herder Editorial, S. L., Barcelona

1.ª edición, 4.ª impresión, 2020

ISBN: 978-84-254-4180-6

Cualquier forma de reproducción, distribución, comunicación pública o transformación de esta obra solo puede ser realizada con la autorización de sus titulares, salvo excepción prevista por la ley. Diríjase a Cedro (Centro de Derechos Reprográficos) si necesita reproducir algún fragmento de esta obra (www.conlicencia.com).

Imprenta: Sagrafic
Depósito legal: B-5016-2019
Printed in Spain - Impreso en España

Herder
www.herdereditorial.com

• Índice •

Prólogo 11

Viaje de invierno 15
Invernadero 18
El tiempo de lo distinto 24
De vuelta a la tierra 29
Romantización del mundo 36
Cerezo de flor 40
Acónitos de invierno y avellana
   de bruja 47
Forsitia blanca 55
Anémonas 58
Camelias 61
Flor de sauce 64
Azafranes 69
Hostas 71
Sobre la dicha 78
Hermosos nombres 81
Victoria amazonica 84

Narcisos de otoño 89
Un diario del jardinero 94

Índice de ilustraciones 179

*Pregunta a las bestias, y te instruirán;
a las aves del cielo, y te lo comunicarán;
a los reptiles de la tierra, y te enseñarán,
y te lo harán saber los peces del mar.
¿Quién no ve en todo esto
que es la mano de Dios quien lo hace?*

Job 12,7-9

• Prólogo •

Un día sentí una profunda añoranza, e incluso una aguda necesidad de estar cerca de la tierra. Así que tomé la resolución de practicar a diario la jardinería. Durante tres primaveras, veranos, otoños e inviernos, es decir, durante tres años, estuve trabajando en un jardín, que bauticé con el nombre de *Bi-Won,* que en coreano significa «Jardín secreto». En el letrero en forma de corazón que el anterior encargado del jardín colgó en un arco de rosas aún sigue poniendo «Jardín de ensueño». Dejé el letrero como estaba. Al fin y al cabo, mi *Jardín secreto* también es de hecho un jardín de ensueño, pues en él sueño con la *tierra venidera.*

El trabajo de jardinería ha sido para mí una meditación silenciosa, un demorarme en el *silencio.* Ese trabajo hacía que el tiempo *se detuviera y se volviera fragante.* Cuanto más tiempo trabajaba en el jardín, más respeto sentía hacia la tierra y su embriagadora belleza. Desde entonces tengo la profunda convicción de que la tierra es una creación divina. El jardín me transmitió esta convicción, es más, me hizo comprender algo que para mí se ha convertido en una certeza y ha asumido *carácter de evidencia*. «Evidencia» significa originalmente *ver*. He *visto*.

Pasar el tiempo en el jardín florido me ha devuelto una devoción piadosa. Creo que existió y que *existirá* el *Jardín del Edén*. Creo en Dios, en el creador, en ese *jugador* que siempre empieza de nuevo y que así lo renueva todo. También el hombre, por ser creatura suya, está obligado a *participar en el juego*. El trabajo o el *rendimiento* destruye el juego. Es un hacer ciego, vacío, que ha perdido el habla.

Algunas líneas de este libro son plegarias, confesiones, incluso declaraciones de amor a la tierra y a la naturaleza. No existe la evolución biológica. Todo se debe a una *revolución divina*. Yo he tenido esta *experiencia*. La biología es, en último término, una *teología*, una *enseñanza sobre Dios*.

La tierra no es un ser muerto, inerte y mudo, sino un elocuente ser vivo, un organismo viviente. Incluso la piedra está viva. Cézanne, que estaba obsesionado con la Montaña Santa Victoria, conocía el secreto y unas peculiares *vitalidad y fuerza de las rocas*. Ya Laozi enseñaba:

El mundo es como una misteriosa cáscara. No se lo puede comprender. Quien quiera comprenderlo lo perderá.

Al ser una misteriosa cáscara, la tierra es frágil. Hoy nos dedicamos a explotarla brutalmente, a desgastarla y, a base de ello, a destruirla por completo.

De la tierra nos llega el imperativo de *cuidarla bien,* es decir, de *tratarla con esmero.* En alemán, *schonen,* «tratar con cuidado», está emparentado etimológicamente con *das Schöne,* «lo bello». Lo bello nos obliga, es más, nos ordena *tratarlo con cuidado.* Hay que tratar *cuidadosamente* lo *bello.* Es una tarea urgente, una obligación de la humanidad, *tratar con cuidado* la tierra, pues ella es hermosa, e incluso *esplendorosa.*

Respetar exige alabar. Las líneas que siguen son himnos, cánticos de alabanza a la tierra. Esta *loa a la tierra* debe sonar como una hermosa *Canción de la tierra.* Pero en vista de las violentas catástrofes naturales que hoy nos azotan, para algunos esta loa debería leerse como una *noticia funesta.* Esas catástrofes naturales son la iracunda respuesta de la tierra a la falta de escrúpulos y a la violencia humanas. Hemos perdido por completo la veneración a la tierra. Hemos dejado de *verla* y de *oírla.*

• Viaje de invierno •

Me gusta especialmente el *Viaje de invierno* de Schubert. Sobre todo he cantado a menudo la canción *Sueño de primavera:*

Soñaba con coloridas flores,
como las que suelen florecer en mayo;
soñaba con verdes prados
y con el alegre canto de los pájaros.

Y cuando los gallos cacarearon
mis ojos se abrieron;
hacía frío y estaba oscuro,
del tejado llegaban graznidos de cuervos.

¿Mas quién pintó esas hojas
en los cristales de la ventana?
¿Os reiréis del soñador
que vio flores en invierno?

¿Por qué comienzo un libro sobre el jardín con el invierno y el *Viaje de invierno,* siendo que el invierno significa el final absoluto del tiempo de jardinería? No tengo la intención de contar aquí mis sueños de primavera ni de consagrarme a las flores de hielo, siguiendo el ejemplo de Wilson Bentley, que fotografió cinco mil cristales de nieve.

El invierno berlinés es terrible, incluso asolador. El fuego infernal sería más soportable que esta eterna frialdad húmeda y oscura. La luz parece haberse apagado por completo.

No hay nada más que invierno,
el frío y desabrido invierno.

En vista del eterno gris del invierno berlinés se despierta un *deseo metafísico* de un jardín luminoso y floreciente en pleno invierno.

Lamentablemente, el jardín ideal de Bertolt Brecht no tiene nada previsto para los fríos meses invernales. Solo florece de marzo a octubre.

Junto al lago, encajonado entre abetos
 y álamos blancos,
protegido por el muro y los arbustos, un jardín
donde tan sabiamente se cultivan flores
  mensuales
que florece desde marzo hasta octubre.

Al parecer carezco de aquella sabiduría del jardinero, pues he tomado la resolución de cultivar un jardín que florezca *permanentemente,* de enero a diciembre. Prefiero la metafísica, el anhelo metafísico, a la sabiduría del jardinero y su *desasirse.*

• Invernadero •

También el libro de Roland Barthes *La cámara lúcida* está inspirado por aquel anhelo metafísico. Es un libro sobre el duelo, sobre el trabajo de superar el duelo. Evoca a la madre fallecida, con la que el autor había convivido toda su vida. El libro se basa en una fotografía que Barthes ronda con fervor, que incluso abraza e idolatra, pero que no viene reproducida en el libro. *Brilla por su ausencia.* Muestra a su madre, cuando tenía cinco años, en el *invernadero*.

Mi madre está en el invernadero al fondo de todo, su rostro difuminado, palidecido. En un primer momento quedé sobrecogido: «¡Ahí está, ahí está! ¡Ahí está por fin!».

Barthes distingue dos elementos de la fotografía: el *studium* y el *punctum*. El *studium* se refiere a las informaciones que se pueden obtener de la fotografía. Así es como se la puede estudiar. El *punctum*, por el contrario, no suministra informaciones. Literalmente significa lo *punzado*, y viene de la palabra latina *pungere*, «punzar». Afecta y conmueve al espectador.

Para mí, el *punctum* de *La cámara lúcida* es la fotografía no reproducida del invernadero con la madre, la única a la que él amaba. Ahora veo el invernadero en un doble sentido: es un lugar que simboliza la muerte y la resurrección, un lugar del trabajo metafísico para superar el duelo. *La cámara lúcida* es a mis ojos un jardín florido, una *luz clara* en la oscuridad invernal, una vida en medio de la muerte, una celebración de la vida que vuelve a despertar hoy en plena vida mortal. Una luz metafísica transforma la *chambre noire* en una *chambre claire*, en un *luminoso invernadero*.

A Roland Barthes le gustaban los *lieder* románticos. Recibió clases de canto. Me habría gustado oírlo cantar. A menudo tengo la sensación de que Barthes escribe cantando o canta escribiendo. El propio libro *La cámara lúcida* es una especie de ciclo de *lieder* románticos, con cuarenta y un *lieder*/capítulos. El vigésimo *nono lied* se llama «La niña».

La cámara lúcida me suena a un *Viaje de invierno*. Roland Barthes viaja en busca de su madre, de su amada, atravesando el «reino de los

MUERTOS». En pos de la *verdad* sobre la madre, se encamina a un peregrinaje sin fin.

No podía por más tiempo omitir de mi reflexión lo que sigue: que había descubierto esa foto remontándome en el Tiempo. Los griegos penetraban en la Muerte andando hacia atrás: tenían ante ellos el pasado. Así he remontado yo toda una vida, no la mía, sino la de aquella a quien yo amaba.

La fotografía del invernadero es «algo así como las últimas notas que escribiese Schumann antes de sumirse en la enajenación, ese primer *Canto del alba* que concuerda a la vez con el carácter de mi madre y con la tristeza que su muerte produce en mí». Los *Cantos del alba,* un ciclo de cinco pequeñas piezas para piano, son la última obra que Schumann escribió para piano. Tres días antes de intentar suicidarse los designó como una «colección de piezas musicales que describen las sensaciones que suscitan el advenimiento y el crecimiento del alba». En un primer momento Clara Schumann reaccionó con perplejidad a esta composición: «Otra vez piezas muy originales, pero difíciles de entender, y que encierran un estado de ánimo muy peculiar».

Los *Cantos del alba* están dominados por la añoranza de que la vida vuelva a despertar y resucite. Son cantos de aflicción. Se percibe una profunda melancolía. Versan sobre la muerte y la resurrección. Ya el *Ciclo de lieder españoles* de Schumann canta la añorante espera de la mañana, de la vida que vuelve a despertar:

> *¿Cuándo, cuándo llegará la mañana*
> *—¡sí, cuándo, cuándo!—*
> *que libere mi vida de estos lazos?*
> *Enturbiados de sufrimientos, vosotros ojos míos*
> *no veíais más que tormento en vez de amor,*
> *no veíais ninguna alegría,*
> *solo veíais herida tras herida*
> *trayéndome dolor tras dolor,*
> *y durante toda la larga vida*
> *ninguna hora de alegría.*
> *¡Ojalá suceda al fin*
> *que yo vea la hora*
> *en que para siempre deje de ver!*
> *¿Cuándo llegará la mañana*
> *que me libere de estos lazos?*

Un aura misteriosa rodea el primer *Canto del alba*. La melancolía infinita se refugia entonces en el delirio. Esa melancolía es interrumpida por momentos de júbilo contenido y por instantes de sublimación y éxtasis, en los que unos primeros resplandores luminosos, aún vacilantes, rompen las tinieblas.

Aquella alba del amanecer es un tiempo preliminar que antecede al tiempo habitual y en el que el tiempo pasajero, el tiempo de la vida y la muerte, se ha superado. Estos *Cantos del alba* avivan y sintonizan mi imaginación para el floreciente jardín invernal. Constituyen el temple de ánimo que impera en este libro.

Flos glacialis

• El tiempo de lo distinto •

En el jardín vivo mucho más intensamente las estaciones. Así de grande es también el sufrimiento en vista del invierno que se avecina. La luz se debilita, se vuelve más tenue y macilenta. Jamás había prestado tanta atención a la luz. La luz mortecina me causa dolor. En el jardín las estaciones se perciben sobre todo corporalmente. La gélida frialdad del agua que sale del bidón que recoge el agua de lluvia penetra profundamente en el cuerpo. Sin embargo, el dolor que siento a causa de ello es benéfico, incluso reanimador. Me devuelve la realidad, incluso la corporalidad, que hoy cada vez se pierde más en el mundo *digital bien temperado*. Este mundo digital no conoce temperatura, dolor ni cuerpo. Pero el jardín es rico en sensibilidad y materialidad. *Contiene mucho más mundo* que la pantalla del ordenador.

Desde que trabajo en el jardín percibo el tiempo de manera distinta. Transcurre mucho más lentamente. Se dilata. Me parece que falta casi una eternidad hasta que llegue la próxima primavera. La próxima hojarasca otoñal se distancia hasta una lejanía inconcebible. Incluso el verano me parece infinitamente lejano. El invierno se me hace ya eterno. El trabajo en el jardín invernal lo prolonga. Jamás me resultó tan largo el invierno como en mi primer año de jardinero. Sufrí mucho a causa del frío y la helada persistente, pero no por mí, sino sobre todo por las flores de invierno, que mantenían su floración incluso con la nieve y en plena helada persistente. Mi mayor preocupación eran las flores, y por eso les brindaba mi asistencia. El jardín me aleja un paso más de mi ego. No tengo hijos, pero con el jardín voy aprendiendo lentamente qué significa brindar asistencia, preocuparse por otros. El jardín se ha convertido en un lugar del amor.

El tiempo del jardín es un *tiempo de lo distinto*. El jardín tiene su propio tiempo, sobre el que yo no puedo disponer. Cada planta tiene su propio tiempo específico. En el jardín se entrecruzan muchos tiempos específicos. Los azafranes de otoño y los azafranes de primavera parecen similares, pero tienen un *sentido del tiempo* totalmente distinto. Es asombroso cómo cada planta tiene una *conciencia del tiempo* muy marcada, quizá incluso más que el hombre, que hoy de alguna manera se ha vuelto *atemporal, pobre de tiempo*. El jardín posibilita una intensa experiencia temporal. Durante mi trabajo en el jardín me he *enriquecido de tiempo*. El jardín para el que se trabaja devuelve mucho. Me da *ser y tiempo*. La espera incierta, la paciencia necesaria, el lento crecimiento, engendran un sentido especial del tiempo. En la *Crítica de la razón pura*, Kant describe el conocimiento como una actividad remunerada. Según Kant, el conocimiento trabaja por una «ganancia realmente nueva». En la primera edición de la *Crítica de la razón pura*, Kant habla de «cultivo» en lugar de «ganancia». ¿Qué motivo pudo haber tenido Kant para reemplazar «cultivo» por «ganancia» en la segunda edición?

Acaso «cultivo» le recordara demasiado a Kant la amenazadora fuerza del elemento, la *tierra*, la incertidumbre y la imprevisibilidad inmanentes a ella, la resistencia, el poder de la naturaleza, que habrían incomodado sensiblemente el sentimiento de autonomía y libertad del sujeto kantiano. El asalariado urbanita podrá desempeñar su trabajo independientemente del cambio de las estaciones, pero eso le resulta imposible al campesino, que está sujeto a su ritmo. Posiblemente el sujeto kantiano no conozca la espera ni la paciencia, que Kant rebaja a «virtudes femeninas», pero que son necesarias en vista del lento crecimiento de aquello que fue encomendado a la tierra. Quizá a

Kant le resultara insoportable la incertidumbre a la que queda expuesto el campesino.

En su obra *Amor y conocimiento,* Max Scheler señala que, «de una forma extraña y misteriosa», san Agustín atribuye a las plantas la necesidad «de que los hombres las contemplen, como si gracias a un conocimiento de su ser al que el amor guía ellas experimentaran algo análogo a la redención». El conocimiento no es una ganancia, o al menos no es *mi* ganancia, ni es *mi* redención, sino la redención de lo *distinto*. El conocimiento es amor. La mirada amorosa, el conocimiento al que el amor guía redime a la flor de su carencia ontológica. El jardín es, por tanto, un *lugar de redención*.

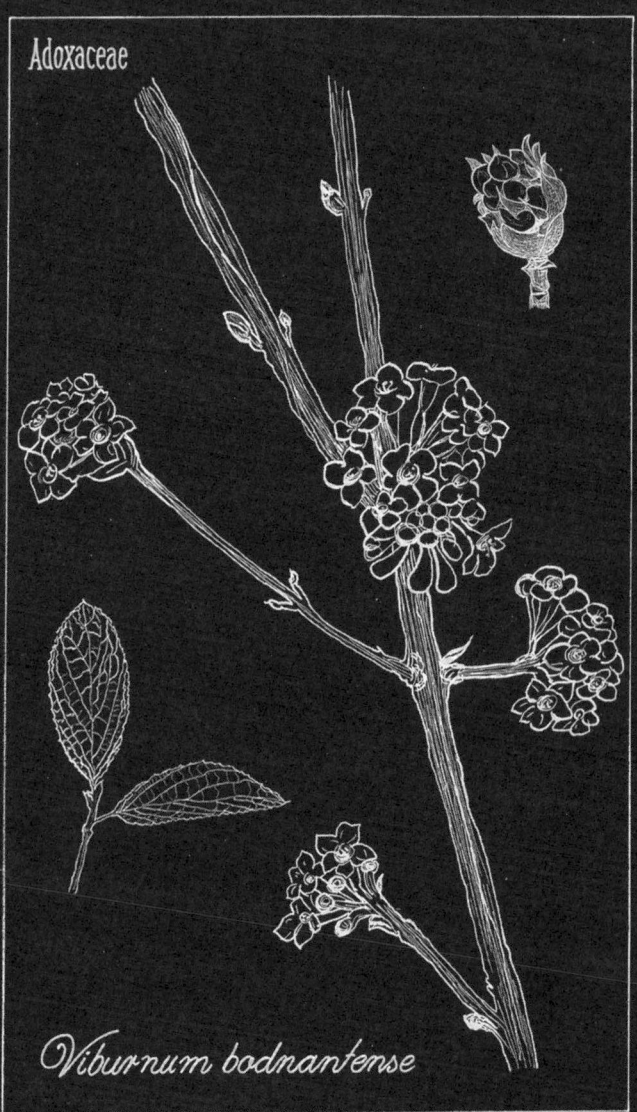

• De vuelta a la tierra •

Llamábamos a la tierra una de las flores del cielo, y llamábamos al cielo el infinito jardín de la vida.

Friedrich Hölderlin, *Hiperión*

Adorno aporta una explicación filosófica de la pasión que yo siento por Schubert. «Con la música de Schubert –dice Adorno– brota la lágrima del ojo sin preguntar antes al alma». Es decir, lloramos sin saber *por qué*. La música de Schubert desarma el yo como «sujeto de acción». Conmueve hondamente al yo y desencadena un llanto prácticamente prerreflexivo y reflejo.

Disuelto en lágrimas, el yo renuncia a su superioridad y toma conciencia de su propio arraigo en la naturaleza. Regresa llorando a la tierra. Para

Adorno, la tierra representa el polo opuesto del sujeto que se opone absolutamente a sí mismo. Lo libera de su encarcelamiento en sí mismo.

La evocación de la naturaleza deshace la tenaz autoafirmación del sujeto: «Brota la lágrima, ¡la tierra me ha recuperado!». En ese momento, el yo se sale espiritualmente de su encarcelamiento en sí mismo.

La digitalización del mundo, que equivale a una humanización y una subjetivación totales, hace que la tierra desaparezca por completo. Recubrimos la tierra con nuestra propia retina, y al hacer eso nos volvemos ciegos para lo *distinto*.

Cuanto más densamente hayan recubierto los hombres con la red categorial lo distinto del espíritu subjetivo, tanto más a fondo se habrán desacostumbrado del asombro por aquello distinto, y tanto más confiadamente habrán caído en el autoengaño que les hace perder lo ajeno.

En castellano, «digital» significa *numérico*. Lo numérico desmitifica el mundo y lo priva de poesía y de romanticismo. Le arrebata todo misterio, toda extrañeza, y transforma todo en lo conocido, lo banal, lo familiar, el «me gusta» y lo igual. Todo se vuelve *comparable*, y, por tanto, *igualable*. En vista de la digitalización del mundo sería necesario *devolver al mundo su romanticismo,* redescubrir la tierra y su *poética,* devolverle la dignidad de lo misterioso, de lo bello, de lo sublime.

Por primera vez en mi vida he cavado en el suelo. Cavé hondo con la pala en la tierra. La tierra gris y arenosa que entonces salía me resultaba extraña, incluso casi siniestra. Su misteriosa gravedad me causaba asombro. Al cavar topaba con muchas raíces que, sin embargo, yo no podía asignar a ninguna planta ni a ningún árbol en la cercanía. Así pues, ahí abajo había una VIDA misteriosa que hasta entonces yo desconocía.

El suelo berlinés es muy especial. Se formó por sedimentaciones de arena durante el periodo glacial. Este suelo se llama también *Geestrücken,* «banco arenoso». El término viene del bajo alemán *gest,* que significa «árido» o «estéril».

Berlín está situado en un valle glaciar que surgió hace aproximadamente dieciocho mil años, al final del último periodo glacial, también llamado «Vístula». El valle actuaba como canal de drenaje por el que fluían las aguas procedentes del deshielo interior en la época del frente glaciar de Frankfurt. Se formó junto con el valle glaciar de Baruth, situado más al sur, en la fase brandemburguesa del periodo glacial Vístula, y servía como cauce de drenaje en dirección a la cuenca del mar del Norte.

Cuando se estudia más detenidamente su historia, se siente una profunda veneración por la tierra, que hoy lamentablemente está expuesta a una explotación total. Está siendo deteriorada a fondo. Deberíamos volver a aprender a asombrarnos de la tierra, de su belleza y su extrañeza, de su singularidad. En el jardín experimento que la tierra es magia, enigma y misterio. Cuando se la trata como una fuente de recursos que hay que explotar, ya se la ha destruido.

El cementerio de san Mateo en Schöneberg se encuentra sobre una loma. Ahí se eleva ligeramente la calle Großgörschen, que conduce al cementerio. Ese es el lugar donde el agua procedente del deshielo formó una pendiente. El cementerio está situado en esta ladera. En él yacen enterrados los hermanos Grimm e Immanuel Hegel, hijo de Hegel. En la cumbre de esta ladera alcanza Schöneberg su máxima altura sobre el nivel del mar. En la prehistoria fluía el agua del deshielo por lo que hoy es la vecina calle Langenscheidt, que tiene una ligera pendiente.

A menudo toco con asombro la tierra y la acaricio. Cada brote que surge de ella es para mí un verdadero milagro. Es increíble que en pleno universo frío y oscuro haya un lugar con vida como la tierra. Deberíamos ser siempre conscientes de que existimos en un planeta pequeño pero floreciente en medio de un universo por lo demás sin vida, y de que somos un ser planetario. Es necesaria una *conciencia planetaria*. Es lamentable que hoy se explote la tierra tan brutalmente. Casi se está desangrando. Por ejemplo, hoy se libran combates sangrientos con niños soldado drogados para conseguir los metales que en química se llaman «tierras raras». Hoy hemos perdido toda sensibilidad para la tierra. Ya no sabemos qué es. Solo la concebimos como una fuente de recursos que, en el mejor de los casos, hay que tratar sosteniblemente. *Tratarla con cuidado* significa devolverle su esencia. Así escribe Heidegger sobre la salvación de la tierra:

Los mortales habitan en la medida en que salvan la tierra, tomando la palabra según su antigua acepción, que Lessing todavía conocía. La salvación no solo saca de un peligro, sino que salvar significa en realidad hacer que algo sea libre para su esencia específica. Salvar la tierra es más que aprovecharla o incluso agotarla. La salvación de la tierra no domina la tierra ni la convierte en súbdita de sí: de ahí solo hay un paso hasta la explotación irrestricta. Los mortales habitan en la medida en que reciben el cielo como cielo. Les dejan al sol y a la luna sus trayectorias, a los astros sus órbitas, a las estaciones del año su bendición y su iniquidad, no convierten la noche en día ni el día en un ajetreado desasosiego.

Desde que trabajo en el jardín me acompaña una extraña sensación, una sensación que antes no conocía y que también siento corporalmente con mucha fuerza. Es una *sensación de la tierra,* que me hace dichoso. Quizá la tierra sea un sinónimo de la dicha que hoy se aleja cada vez más de nosotros. *Regresar a la tierra significa,* por tanto, *regresar a la dicha.* La tierra es fuente de dicha. Hoy la abandonamos, sobre todo como consecuencia de la digitalización del mundo. Ya no recibimos esa fuerza vivificante de la tierra que nos hace dichosos. La tierra es reducida al tamaño de una pantalla de ordenador.

Para Novalis, la tierra es un lugar de redención y de bienaventuranza. En su novela *Enrique de Ofterdingen,* un viejo minero canta una hermosa *Canción de la tierra:*

El señor de la tierra es aquel
que mide sus honduras
y olvida en su seno
todo dolor.

Con ella está aliado
y tiene íntima confianza.
Y ella lo enardece de pasión
como si fuera su prometida.

Ranunculaceae

Hepatica nobilis

• Romantización del mundo •

Así define Novalis el romanticismo:

Romantizo lo vulgar dándole un sentido sublime, lo habitual dándole un misterioso prestigio, lo conocido dándole la dignidad de lo ignoto, lo finito dándole apariencia de infinito.

El jardín invernal es un lugar romántico. Todo indicio de vida floreciente en pleno invierno tiene algo misterioso, mágico, fabuloso. El florido jardín invernal conserva la *apariencia romántica de lo infinito*.

La *flor azul* es el símbolo central del romanticismo. Representa el amor y la añoranza y encarna el deseo metafísico de lo infinito. En *Enrique de Ofterdingen* hay una escena onírica en la que al protagonista se le aparece la flor azul:

Le invadió una especie de dulce somnolencia, en la que soñaba con situaciones indescriptibles y de la que le despertó una visión distinta. Se encontraba en un mullido césped al lado de una fuente cuya agua brotaba saltarina al aire y parecía deshacerse en él. A cierta distancia se alzaban unos peñascos de color azul marino con unas vetas de colores. La luz del día que lo rodeaba era más luminosa y suave que de costumbre, el cielo era azul oscuro y completamente puro. Pero lo que le atrajo con toda su fuerza fue una flor alta y de un azul luminoso, que inicialmente estaba junto a la fuente y lo tocaba con sus anchas y resplandecientes hojas. La rodeaban innumerables flores de todos los colores, y el delicioso aroma impregnaba el aire. Él no veía otra cosa que la flor azul y la observó durante mucho tiempo con innombrable ternura. Cuando finalmente quiso acercarse a ella, de pronto ella empezó a moverse y a transformarse. Las flores se hicieron más resplandecientes y se arrimaron al tallo creciente, la flor se inclinó hacia él y los pétalos formaron un collar azul extendido en el que flotaba un rostro cariñoso.

Un jardín lleno de flores azules sería muy romántico. Parece ser que su modelo real fue el heliotropo, *Heliotropium arborescens*. Heliotropo significa también «solsticio», y tiene un tierno aroma a vainilla. Esta flor romántica de Novalis florece en mi jardín junto a los acianos y el lino, que también son flores azules.

El poema *La flor azul* es de Eichendorff. El motivo de la flor azul se desarrolló en el romanticismo, convirtiéndose en símbolo de la eterna añoranza y del peregrinaje en busca de felicidad:

Busco la flor azul,
la busco y nunca la encuentro,
sueño que en la flor
florece mi buena dicha.

Camino con mi arpa
por países, ciudades y vegas,
por si alguna vez en mis vueltas
llego a ver la flor azul.

Camino desde hace tiempo,
desde hace mucho espero y confío,
pero, ¡ay!, todavía no he visto en ninguna parte
la flor azul.

Según la *Didáctica de los colores* de Goethe, el azul, a diferencia del amarillo, tiene algo de oscuro. El azul ejerce sobre el ojo un «efecto extraño y casi inexpresable». El azul «en su pureza suprema es en cierto modo una nada estimulante». Maravillosa expresión: *una nada estimulante*. El propio romanticismo es una nada estimulante. El azul encierra «al contemplarlo una contradicción entre estímulo y sosiego». Es sobre todo un color de la lejanía. Por eso me gusta este color del romanticismo. Suscita una añoranza.

Cuando vemos como azules el alto cielo y las lejanas montañas parece también que una superficie azul retrocediera ante nosotros. Igual que nos gusta ir en pos de un objeto agradable que huye de nosotros, también nos gusta contemplar el azul, no porque venga a acosarnos, sino porque nos atrae para que lo sigamos.

El azul es el color de la seducción, del anhelo y de la añoranza. Se opone al amarillo. La verdad es que no me gusta el amarillo, porque es el «color más próximo a la luz». Yo soy un hombre de la noche. Evito la luz deslumbrante. Me siento cobijado en la oscuridad nocturna. Por eso duermo toda la mañana. Prefiero las sombras claras a la luz del sol. El amarillo me resulta demasiado radiante y despreocupado. Aunque no es mi color, le dejo mucho espacio en mi jardín invernal, pues muchas flores de invierno florecen amarillas, como el acónito de invierno o el jazmín de invierno. Ningún otro color es capaz de darle más luz al invierno que el amarillo. Por eso es también color de esperanza.

• Cerezo de flor •

Con peras amarillas
y llena de rosas silvestres
pende la tierra asomándose al lago.
Vosotros, cisnes clementes,
ebrios de besos
sumergís la cabeza
en el agua de sagrada sobriedad.

¡Ay de mí!, ¿dónde encontraré,
cuando es invierno, las flores, y dónde
la luz del sol
y las sombras de la tierra?
Se alzan los muros
silentes y fríos,
chirrían las veletas al viento.

FRIEDRICH HÖLDERLIN, *Hiperión*

En *Las penas del joven Werther* de Goethe hay un enajenado que en invierno busca flores para su amada:

¡Mísero! ¡Y cómo envidio tu tristeza, la confusión de tus sentidos en la que te enajenas! Sales lleno de esperanza a recoger flores para tu reina, en pleno invierno, y te afliges porque no encuentras ninguna, y no comprendes por qué no puedes encontrar ninguna.

Se podría pensar que las flores en invierno no son otra cosa que ensoñaciones y engaños. Pero no hace falta ser un soñador para ver flores en invierno, pues hay bastantes plantas que prefieren florecer justamente en la época invernal. Algunas plantas de floración invernal desafían incluso la helada persistente. Hay numerosas plantas de floración invernal que también florecen en la nieve. Eso resulta muy consolador.

Mi trabajo de jardinería, que comenzó en verano, estuvo planteado desde el principio para hacer que el jardín floreciera en invierno. Esta idea me tenía obsesionado, incluso me embriagaba. Tenía la ambición de reunir en mi jardín todas las plantas de floración invernal.

Antes de pasar a describir las plantas de floración invernal quiero mencionar las margaritas silvestres. Me alegré mucho cuando empezaron

Rosacceae

Prunus subhirtella

a florecer en el césped. Las encontraba hermosas por ser tan sencillas y discretas. Pero pronto descubrí que proliferan excesivamente y desbancan el césped. Por eso las declaré hierbajos y traté de erradicarlas del césped por todos los medios. Incluso recurrí a la química, a los herbicidas. Pero ahora, en invierno, he vuelto a cobrarles afecto y pido disculpas por la atrocidad que cometí, pues florecen impertérritas hasta entrado el invierno. Hacen frente al frío que destruye la vida. A este prolongado tiempo de floración se remite su hermoso nombre botánico, *Bellis perennis,* la bella perenne. Es una flor que está dotada de un anhelo metafísico, una flor verdaderamente platónica. En plena helada invernal algunas siguen floreciendo impertérritas. Cuando llegue la próxima primavera y el próximo verano no seré tan hostil con ellas y gustosamente las dejaré en paz en el césped, para que sin temor hagan frente al invierno. La bella perenne debería sentirse a gusto en mi jardín. Y los hierbajos no perecen. Por eso la *Bellis perennis* es un reflejo de lo imperecedero.

Cuando tras las primeras heladas el jardín comenzó a sumirse en la desolación me sorprendió gratamente el jazmín de invierno *(Jasminum nudiflorum)*. En plena frialdad invernal florecía con un amarillo luminoso. También sus ramas de un hermoso verde intenso otorgaban al jardín invernal una atmósfera primaveral. El jazmín de invierno se parece a la forsitia o campanita china. Pero, a diferencia de la flor de la forsitia, que tiene cuatro pétalos, la del jazmín de invierno tiene cinco o seis. El jazmín de invierno es un verdadero milagro. En pleno invierno hace surgir como por ensalmo la primavera. Lo encantador del jazmín de invierno es que sus flores solo se van abriendo poco a poco. Para mí es la flor de la esperanza por excelencia. Durante un largo periodo de tiempo se encargó de que mi jardín de invierno floreciera.

El jazmín de invierno solo llegó a Europa en 1844 proveniente de China. *Las penas del joven Werther* de Goethe se publicó en 1774, así que el enajenado de la novela no habría podido descubrir la flor invernal de un amarillo luminoso. Gustosamente le habría regalado una rama florida del jazmín de invierno para que hiciera feliz a su amada.

Una planta invernal especial es el cerezo de flor o cerezo de invierno *(Prunus subhirtella autumnalis)*. Aunque es un cerezo, prefiere florecer en invierno a hacerlo en primavera. Por eso se llama también cerezo de nieve. Ya en diciembre está en floración. Mi fiesta de la cereza comienza en el profundo invierno.

A comienzos de enero vino la temida helada persistente. La temperatura cayó a menos de diez grados bajo cero. Duró más de dos semanas. También cayó mucha nieve. Contra lo que yo esperaba, el jazmín de invierno no pudo resistir la helada persistente. Sus resplandecientes flores amarillas se marchitaron. Tampoco el cerezo de flor ni el viburnum de invierno, que a causa del suave invierno florecieron muy pronto, pudieron resistir la helada persistente. Sus flores se pusieron marrones y se pudrieron. Al final fueron los acónitos de invierno, los galantos o campanillas de las nieves, los brezos de invierno y el hamamelis o avellana de bruja los que, pese a la nieve y la helada persistente, conservaron con valentía su forma y su color. Se encargaron de que en mi jardín de invierno no transcurriera ningún día sin que floreciera algo. Incluso en el más profundo invierno floreció mi jardín.

Ranunculaceae

Eranthis hyemalis

• Acónitos de invierno y avellana de bruja •

Incluso el invierno puede ser fragante. El invierno no es un yermo sin aroma. Un manual de jardinería clasifica las fragancias invernales de este modo:

En el jardín: campanillas blancas, acónitos de invierno, viburnum de invierno o bola de nieve y avellana de bruja. Campo y naturaleza: nieve y plantas leñosas. Granjas: ensilaje, heno, vacas, caballos y matanza.

Como no me gustan especialmente los olores animales ni la carne, no me planteo emplear otros aromatizadores invernales que no sean fragancias vegetales y la nieve. Pero ¿qué aroma tiene la nieve? Aunque me quedara sordo y ciego, a primera hora de una mañana invernal enseguida me podría dar cuenta de que por la noche ha caído mucha nieve. El aroma de la nieve es tan discreto y decoroso como la fragancia del tiempo, como la fragancia de la mañana que despierta, de modo que solo unos pocos pueden percibirlo.

Hay muchos más aromatizadores invernales que los acónitos de invierno, el viburnum de invierno y la avellana de bruja. Un olor tan magnífico como el del limón tiene, por ejemplo, la madreselva invernal *(Lonicera fragrantissima)*. Por el contrario, el calicanto japonés o quimonanto *(Chimonanthus praecox)* tiene un fuerte olor a almizcle.

Acónito de invierno es un nombre muy hermoso. En latín se llama *Eranthis hyemalis*. Ya en el siglo XVI, el botánico Joachim Camerarius el Joven lo trajo de Italia a Alemania y lo cultivó en su jardín de Núremberg. El acónito de invierno florece en la nieve. *Hyemalis* significa «invernal». *Eranthis* se compone de las palabras griegas *éar,* «primavera», y *anthe,* «flor». El acónito de invierno florece de febrero a marzo. En mi jardín estas plantas echaron brotes ya a fines de diciembre. Ofrecen un aspecto muy divertido. La flor amarilla, que casi resulta radiante, resplandece sobre el follaje de un verde intenso que adopta la forma de una gorguera. En los calurosos días soleados de invierno atrae a las primeras abejas. Ya en mayo sus hojas se ponen amarillas. Y en junio se repliega del todo a la tierra para la larga estivación. Los acónitos de invierno tienen una hermosa cápsula de semillas en forma de estrella que se asemeja a una flor. Al parecer, aborrece el verano. Siento afinidad con él. Yo también prefiero el frío al calor. Si yo fuera una flor, querría florecer en pleno invierno.

Los acónitos de invierno se adquieren como pequeños bulbos. Parecen piedrecitas. Yo me preguntaba cómo puede surgir vida de esta cosa inerte. En la tienda de jardinería los venden en bolsas. Más tarde me enteré de que los pequeños bulbos secos no germinarían nunca, así que compré bulbos frescos en una tienda de tubérculos. Tenían otro aspecto e incluso mostraban ya puntos blancos. Otro vendedor que se ha especializado en acónitos de invierno incluso los vende solo en pequeñas macetas.

Aquí solo se conocen acónitos de invierno de flor amarilla provenientes del sur de Europa. La especie *Eranthis cilicica,* proveniente de Turquía, no se distingue esencialmente de aquellos, solo que florece algo más tarde que la *Eranthis hyemalis.* Pero hay otros muchos tipos de acónitos de invierno. La *Eranthis Lady Lamortagne* produce una flor henchida. La *Eranthis Schlyters Triumph* tiene una flor de un amarillo anaranjado. Tengo ambas variedades en el jardín. Me gustaría tener en mi jardín acónitos de invierno de flor blanca. La *Eranthis pinnatifida* proviene de Japón y tiene flores blancas.

Precioso de ver es también el acónito de invierno de flor blanca *Eranthis stellata,* proveniente de Corea del Norte. Estas especies tienen más encanto que la *Eranthis hyemalis*. A un especialista en flores invernales de Potsdam le pregunté si conocía los acónitos de invierno de flor blanca. Dijo que sí, y que varias veces había tratado de cultivarlos, pero que sus intentos fracasaron porque en Alemania las condiciones climáticas son totalmente distintas. En el Extremo Oriente el invierno es muy seco. Los acónitos de invierno de flor blanca no soportan la fría humedad del invierno berlinés. La tienda berlinesa de tubérculos Albrecht Hoch, que existe desde 1893, tiene este año en oferta acónitos de invierno de flor blanca procedentes de Japón. Inmediatamente encargué algunos bulbos. Ojalá florezcan los días calurosos del próximo invierno.

Muchas plantas de floración invernal tienen un carácter similar. Casi todas son venenosas, no solo los acónitos de invierno, sino también los crocos o azafranes, los eléboros negros y los galantos o campanillas de las nieves. Me gusta sobre todo el carácter del eléboro negro. Al igual que a mí, no le gusta viajar. Hay que dejarlo donde está. Trasplantarlo le resulta mortal. Quiere que lo dejen en paz.

Los galantos o campanillas de nieves son, junto con los acónitos de invierno y la avellana de bruja, auténticas plantas de floración invernal. Soportan sin problemas la nieve y temperaturas muy por debajo de cero grados. Hay diversas variedades. Algunas tienen una apariencia realmente encantadora. Tengo en mi jardín una campanilla de las nieves con vetas naranjas. Las campanillas de las nieves sueñan en pleno invierno, con la cabecita inclinada con gesto meditabundo. En Alemania se llaman también «bonitas niñas de febrero». Parecen tímidas con sus cabecitas agachadas. Para mí, las campanillas de las nieves no anuncian la primavera, sino que más bien son vida que surge en pleno invierno. Resultan mucho más sublimes que los acónitos de invierno. Es impresionante que incluso en medio de la nieve y en plena helada afirmen su color y su forma.

Especial atención merece la avellana de bruja. Es una auténtica planta de floración invernal, pues está adaptada específicamente al invierno y a las temperaturas bajo cero. Como su nombre hace suponer, las matas tienen algo mágico. Incluso parece que estuvieran encantadas. Florecen ya a partir de diciembre. En otoño planté dos avellanas de bruja en mi jardín. Tienen flores rojas. Más tarde agregué una avellana de bruja de flores amarillas. Emite una fragancia soberbia. La avellana de bruja que se puede comprar aquí es un cruce de la avellana de bruja japonesa y de la china. Resulta interesante que muchos arbustos de floración invernal provengan de Extremo Oriente. En realidad, los asiáticos desconocen el anhelo metafísico. ¿Por qué tantas plantas asiáticas florecen entonces en la estación hostil?

Las flores de la avellana de bruja tienen un aspecto muy peculiar, casi gracioso. Constan de filamentos rizados. Cuando la temperatura cae bajo cero, los filamentos se enrollan. Cuando hace más calor, vuelven a desplegarse. El nombre botánico de la avellana de bruja es *Hamamelis*. *Hama* significa «junto», y *melon,* «fructificador». Se llama así porque en un folículo maduran dos frutos, representando así una pareja de amantes. Probablemente sea el amor lo que los hace florecer en la estación hostil. La avellana de bruja es, por tanto, la flor de la fidelidad.

Algunas plantas son focos de leyendas y mitos. Por ejemplo, a la mandrágora, con sus raíces antropomorfas, se le atribuye un efecto mágico. Según la creencia popular, el ensordecedor ruido que hacen sus raíces al arrancarlas provoca la muerte. Estas plantas son muy sensibles. Planté en mi jardín algunas mandrágoras, pero no crecieron y acabaron muriendo todas. Parece ser que mi jardín ama el *silencio*.

Que no se me olvide hablar de la anémona hepática. Se la compré al jardinero a quien también había comprado acónitos de invierno y adonis u ojos de perdiz. Es un verdadero sabio en lo referente a anémonas hepáticas y ha elaborado un extenso diccionario sobre ellas. La anémona hepática es una de las flores más hermosas de mi jardín. No rara vez da en pleno invierno una flor de un azul luminoso. Es mi FLOR AZUL por excelencia. La planta da la impresión de ser muy frágil y como evanescente. Me gusta su elegante debilidad. Solo saca unas pocas hojas menudas con forma de hígado.

Hamamelidaceae

Hamamelis

• Forsitia blanca •

Siento un especial afecto por la forsitia blanca *(Abeliophyllum distichum)*. Proviene de mi patria, Corea. Es una planta endémica, es decir, solo aparece en un área espacial claramente delimitada. Solo crece en siete ubicaciones o hábitats en el centro de Corea del Sur. No obstante, la encontré en un vivero berlinés. Su flor es de un blanco níveo y tiene una finísima fragancia a almendra. En coreano se llama *Misonnamu*. Sus hábitats están protegidos en Corea como monumentos naturales. *Namu* es la palabra coreana para «árbol». *Mison* significa originalmente un abanico tradicional coreano. La forsitia blanca se llama *Mison* porque su fruto es flabeliforme. *Misonnamu*, ¡qué nombre tan hermoso! Si tuviera un hijo lo llamaría *Namu*. Y si tuviera una hija, le pondría el nombre de *Mison* o *Nabi* (mariposa).

Nabi: ¿Por qué hay algo y no más bien nada? El árbol..., la mariposa...
Namu: La mariposa existe para que el árbol no se sienta tan solitario.
Nabi: ¿Y el árbol?
Namu: Para que la mariposa pueda descansar de su vuelo.

Desde luego en el profundo invierno no cabe esperar ningún exuberante esplendor floral estival. El invierno no engendra más que formas delicadas, tiernas, frágiles. En *Walden, o la vida en los bosques*, escribe David Thoreau:

Muchos fenómenos que el invierno conlleva son indeciblemente tiernos, frágiles y delicados.

Todas las plantas de floración invernal son de algún modo muy frágiles, delicadas y tiernas. Pero como son muy recatadas resultan, sin embargo, extremadamente elegantes. Por eso me gustan tanto.

Una vez que ha pasado la rigurosa helada persistente, mi jardín invernal engendra como por ensalmo una pequeña primavera en pleno invierno. A comienzos de febrero de 2016 los acónitos de invierno estaban en plena floración. Era maravilloso contemplarlos. Y, por todas partes, campanillas de las nieves. Tenían un aspecto triste con sus cabecitas gachas. También podrían haberse llamado *campanillas afligidas*. Es sobre todo en la nieve cuando resultan encantadoras. Parecen amar el frío invernal. Y la avellana de bruja sigue floreciendo fiablemente. Hace que el invierno desaparezca como por ensalmo.

También las margaritas silvestres ignoran sin más el invierno. Su presencia permanente hace honor a su nombre, *Bellis perennis*. El brezo de invierno sigue floreciendo impertérrito a comienzos de febrero, como si hiciera caso omiso del invierno. También es digno de mención el rododendro preprimaveral. A comienzos de febrero echa sus delicadas flores rojas.

• Anémonas •

En pleno invierno, era todavía un frío día de febrero, me sorprendió mucho una pequeña flor azul. Vi algo azul que resplandecía en el arriate de flores en tiempo todavía invernal. Era una anémona que florecía prematuramente, una *Anemone blanda*. Florece incluso antes que los azafranes. Me quedé sorprendido, porque hasta entonces solo había tenido en el jardín anémonas de otoño. Por su aspecto la anémona que florece prematuramente se llama anémona azul. De hecho, irradia un resplandor azul violáceo en pleno frío invernal. Se aventura a asomarse a la luz del día tan pronto como los primeros rayos de sol derriten la capa de nieve. Para mí, la anémona azul pertenece sin duda a las plantas de floración invernal junto con el acónito de invierno y las campanillas de las nieves.

Solo ahora comprendo el poema de Gottfried Benn «Anémona»:

*Conmovedora: anémona,
la tierra es fría, es una nada,
de pronto tu corola susurra
una palabra de fe, de luz.*

*En la tierra sin bondad,
adonde solo llega la fuerza,
fue sembrada tan calladamente
tu silenciosa flor.*

*Conmovedora: anémona,
traes la fe, la luz
que el verano trenzó como corona
hecha de grandes flores.*

Cuando leí por primera vez este poema durante mis estudios de filología germánica, que fue mi segunda especialidad, ni siquiera sabía qué aspecto tiene una anémona. Pese a todo me gustaba el poema por su memorable *pathos*. Como pronto me di cuenta de que en los poemas alemanes a menudo aparecen flores, por pura necesidad me compré un diccionario de flores para consultarlo siempre que en un poema me saliera una flor desconocida. Quería saber al menos qué aspecto tenía.

En el susodicho día de febrero la tierra estaba efectivamente aún fría. De pronto brotó de ella una pequeña flor azul. Era realmente conmovedora. La anémona azul como palabra de fe y de luz se opone a la nada invernal. Aunque parece tan delicada, tiene en sí algo heroico. Pero a diferencia de Gottfried Benn yo no diría que la tierra carece por completo de bondad. La tierra no solo es bondadosa, sino, además, generosa y hospitalaria. Incluso en pleno invierno engendra una vida que florece soberbia.

• Camelias •

He plantado algunas camelias en mi jardín. También son especies de floración invernal. Cuando el invierno es suave florecen en pleno febrero. El año pasado el invierno fue muy frío. Las temperaturas descendieron en ocasiones por debajo de los quince grados bajo cero. Aunque protegí las camelias con vellocino, estuvieron a punto de helarse. Simplemente no encajan en el clima de Berlín. Pero sus capullos lograron sobrevivir, aunque no se abrieron hasta finales de primavera. Tanto más hermosas fueron sus blancas flores. Sobrevivieron al mortal invierno. Su floración me llenó de dicha. El florecimiento es una embriaguez. También este año volví a recubrir las camelias con una capa que las calentara. Las protejo. Son mis protegidas especiales.

En el sureste de Corea del Sur, en Busan, la ciudad del festival de cine más famoso de Extremo Oriente, hay una isla que se llama Isla de las Camelias. El festival de cine se celebra no lejos de ahí. Me gustaba visitar la isla. Está llena de árboles de camelias. El clima de Busan es bastante suave, de modo que en invierno las camelias florecen en todo su esplendor junto al mar.

Theaceae

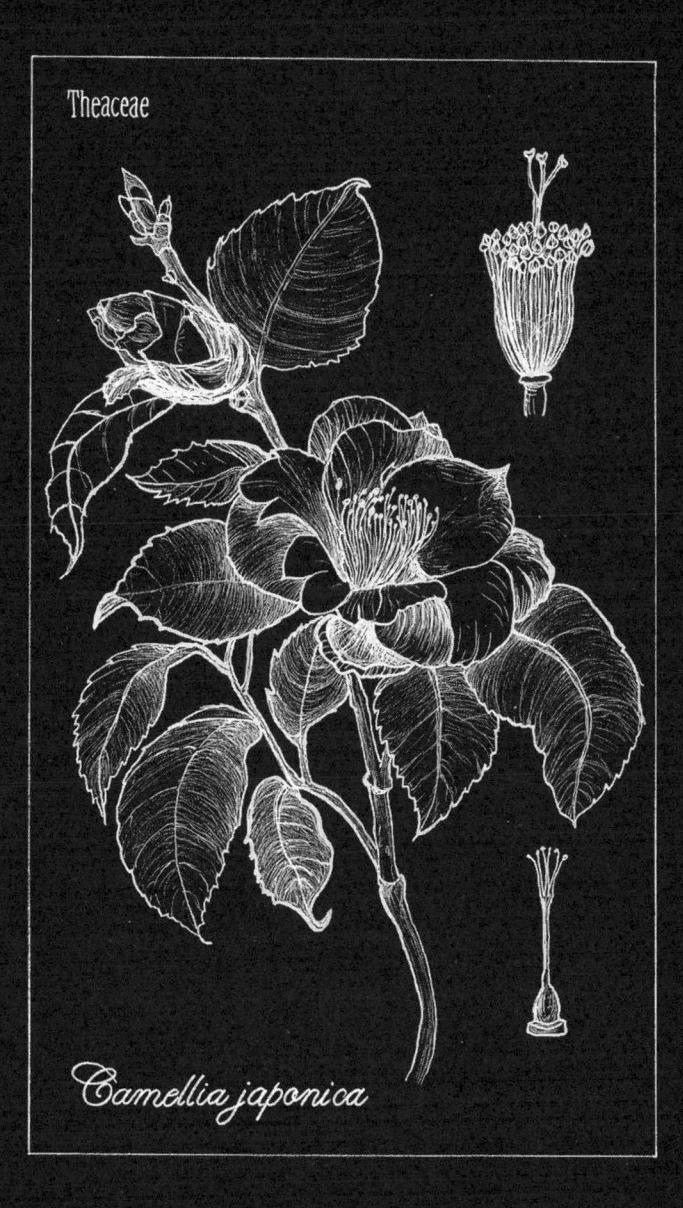

Camellia japonica

• Flor de sauce •

¡Era un presagio celestial con lo que yo volvía a saludar ahora la primavera que se avecinaba! Así como cuando todo duerme llega de lejos por el aire callado la música de cuerda que tañe la amada, así las suaves melodías de la primavera sonaban abrazándome el pecho, como si vinieran del Elíseo, y yo percibía su advenimiento cuando las ramas muertas se agitaban y un tenue soplido tocaba mis mejillas.

FRIEDRICH HÖLDERLIN, *Hiperión*

Para mí, la primavera se anuncia acústicamente. El arrullo de las palomas tiene de pronto otro timbre, ya en febrero. Así pues, primero *oigo* la primavera que se avecina.

También ha sucedido así este año. La primavera comenzó con un *sonido*.

La primavera ha llegado. Increíble. En pleno invierno la primavera me parecía estar *más allá del tiempo, e incluso más allá de lo posible*. Quedaba postergada a un futuro remoto. Mientras yo trabajaba en el jardín invernal me parecía *imposible*.

Si el invierno es la estación en la que nada florece, entonces para mí este año no ha habido invierno. En mi jardín hubo siempre, incluso en plena helada persistente, una floración, una vida floreciente. Mi jardín invernal transformó el invierno en una primavera. Por eso la verdadera primavera es otra, una segunda primavera, una primavera tardía, una *rezagada*.

El primer día cálido de la primavera de 2016 fue el 28 de marzo. Ese día casi me entraron vahídos –había dormido poco– al ver los brotes que salían por todas partes. Advertía una verdadera embriaguez en las plantas, que se me contagió. Al mismo tiempo, esa embriaguez venía mezclada de una pudorosa vacilación. Yo estaba un poco aturdido, embriagado de la vida que despertaba de nuevo. Así que puedo entender muy bien a Hiperión:

Nos acordábamos del mayo pasado, nunca habíamos visto la tierra como entonces, nos parecía que había sido transformada, una nube argéntea de flores, una jubilosa llama de vida, todo estaba despojado de la tosca materia. ¡Ay! Todo estaba tan lleno de gozo y de esperanza, exclamaba Diotima, todo tan lleno de incesante crecimiento y, sin embargo, también tan libre de todo esfuerzo y tan dichosamente en calma como un niño que se dedica a jugar sin pensar en nada más.

En eso la reconozco, exclamé, en eso reconozco el alma de la naturaleza, en esta calmada fogosidad, en este demorarse en su poderosa premura.

De las ramas que parecían del todo muertas despierta en primavera una nueva vida. Del muñón muerto vuelve a brotar un fresco verde. Me pregunto por qué al hombre no le es concedido este asombroso milagro. Él envejece y muere. Él no tiene primavera, no despierta de nuevo. Se marchita y se pudre. Está condenado a este destino triste y en realidad insoportable. En esto envidio mucho a las plantas, que siempre se renuevan, se revivifican, rejuvenecen. Siempre hay un nuevo comienzo. ¿Por qué al hombre no se le concede?

También Hiperión lamenta:

Todo envejece y vuelve a rejuvenecer. ¿Por qué se nos ha excluido del prodigioso ciclo de la naturaleza? ¿O acaso ese ciclo es también para nosotros?

Si el prodigioso ciclo de la naturaleza también fuera para nosotros, entonces también nos sería posible recomenzar, tener un misterioso rejuvenecimiento, una resurrección. ¿Por qué tenemos que debilitarnos cada vez más, envejecer incesantemente hasta que nos extinguimos por completo sin ninguna posibilidad de regresar a la vida? ¿Por qué?

Por ejemplo, los eléboros negros son casi inmortales si se los deja en paz. No les gusta moverse ni viajar. Acaso la mortalidad sea el amargo precio que hay que pagar por habernos emancipado de la tierra, por poder movernos libremente, por ser autónomos y *mantenernos en pie* por nosotros mismos. Según eso, la libertad consistiría en la mortalidad.

Cuando de verdad comenzó la embriaguez primaveral fue con las flores de sauce. Hasta ahora no sabía en qué se convierten. Solo las conocía como unas yemas con tacto aterciopelado que venden en las floristerías en primavera. Ni siquiera sabía que se trata de unas yemas. En cierta manera me resultaban indiferentes no solo las flores de sauce, sino todas las plantas. Hoy percibo esta indiferencia anterior como una vergonzosa ceguera o incluso como un pecado.

Un día primaveral muy caluroso se abrieron simultáneamente las flores de sauce en mi jardín.

Explotaron (no se me ocurre mejor expresión). Cada pequeña yema hizo salir innumerables flores individuales con polen amarillo. Así es como se transformó en un racimo de flores de un amarillo resplandeciente. El sauce parecía entregarse al éxtasis. Atrajo un enorme enjambre de abejas. Me pregunté de dónde venían las abejas. Hasta hace poco era todavía frío invierno. Tenía la sensación de que habían surgido de la nada. Totalmente embriagadas revoloteaban en el mar de polen. En poquísimo tiempo el sauce fue vaciado. Jamás había visto nada igual. Me quedé admirado de este prodigioso fenómeno natural.

• Azafranes •

Cuando se aproxima la primavera me gusta cantar *Amor de poeta* de Schumann. Ninguna canción encaja mejor en la primavera que el primer *lied* de *Amor de poeta*.

En el maravilloso mes de mayo,
cuando todas las yemas florecían
se abrió mi corazón.

Cuando más me gusta cantar la canción es en un cálido día de marzo. Mayo me resulta ya demasiado veraniego. Por otro lado, la palabra *mayo* viene del dios italiano del crecimiento. *Crecimiento* no es en realidad una palabra hermosa. En ella se connota la proliferación. Sin embargo, la primavera es *tímida, recatada.*

Cuando paso varios días sin ver mi jardín lo echo de menos como a una amada. Por eso la primavera es para mí un tiempo especial. El amor florece. Mi amor por el jardín es especialmente grande en primavera.

Cuando aún no tenía jardín solía ir en primavera al cementerio de san Mateo en Berlín-Schöneberg para observar con admiración los primeros azafranes. Casi hay que sorprenderlos cuando florecen. Un día cálido de invierno o los días que preceden a la primavera brotan repentinamente de la tierra y abren sus yemas. Me hacen muy feliz. Este año descubrí ya a fines de febrero dos plantas que florecieron prematuramente, en realidad las primeras. Me llevé una gran alegría.

He plantado muchos azafranes. Cuando florecen en primavera, mi jardín cobra un aire de cuento. Los azafranes anuncian en invierno muy fiablemente la primavera. Este año plantaré *Crocus imperati*. El *Crocus imperati,* que en alemán también se llama «azafrán del diablo», supera a todos los demás azafranes en resistencia al frío. No se resiente ni siquiera a quince grados bajo cero. Es un verdadero azafrán de invierno. Así que será el *emperador que florece en silencio* de mi jardín invernal.

Hostas

Cuando me hice cargo del jardín había en su umbría parte trasera dos hostas. Al principio no les presté atención. Tampoco me resultaban especialmente bellas ni yo percibía en ellas elegancia ni hermosura. Mi primera impresión fue que resultaban algo rústicas y hasta vulgares. En comparación con su exuberante follaje, sus flores eran bastante discretas. No veía en ellas más que una proliferación de verde. Las grandes hojas verdes o amarillas y de colores me resultaban toscas, incluso bastas.

Hoy me avergüenzo de mi primer juicio, de mi condenación inicial de las hostas. Fue equivocada e injusta. Fue debida a mi ignorancia. Sencillamente fui ciego para la belleza de las hostas. Gustosamente retiro mi juicio. Desde entonces me he enamorado totalmente de ellas y he plantado adicionalmente otras muchas. Desde entonces he llegado a tener diez hostas en mi jar-

Asparagaceae

Hosta plantaginea

dín. Realmente ofrecen un aspecto ostentoso en la parte umbría del jardín. Y hasta brindan a las sombras una suntuosidad maravillosa. Gracias a las hostas la sombra resulta fastuosa y cobra un verde resplandeciente.

Es una delicia contemplar en primavera el crecimiento casi embriagador de las hostas. Tienen un brote realmente muy marcado. Crecen exponencialmente y ya en mayo alcanzan un tamaño imponente. Me impresionó mucho su crecimiento casi eruptivo.

Al principio no sabía que, al igual que muchas otras plantas de jardín, las hostas provienen de Extremo Oriente. Se supone que también deben crecer en Corea, pero yo nunca las he visto allí. Yo crecí en la gran urbe de Seúl. De niño no jugaba en plena naturaleza, sino entre un río que había degenerado a pestilente canalización y las vías del tren. En mis recuerdos de infancia hay más pestilencia que fragancia. No me rodeaba una hermosa naturaleza. Sin embargo, había muchas libélulas. Me gustaban especialmente las rojas. En coreano se llaman «libélulas chile». En los tallos de las hierbas que bordeaban el camino a la escuela descubría también numerosos saltamontes y mantis religiosas. Pero yo no tenía más naturaleza que esa.

Las hostas se denominan en coreano 옥잠화 (玉簪花). El nombre se remonta a una leyenda. En la antigua China había un flautista prodigioso. Una noche de luna, mientras tocaba una hermosa melodía, se le apareció un hada celestial. Ella le dijo que a la princesa de los cielos le gustaría volver a escuchar la melodía. Así que la tocó de nuevo. El hada celestial le dio las gracias, se sacó del cabello una horquilla de jade y se la arrojó mientras ascendía de regreso al cielo. Pero el flautista no pudo atrapar la horquilla. Cayó al suelo y se rompió. El flautista se quedó muy triste. En el sitio donde había caído el adorno de cabello creció una planta cuya flor se le parecía.

Las flores de las hostas son muy bellas. A diferencia de las vigorosas hojas caducas son extremadamente delicadas, encantadoras, resultando tan frágiles como el adorno de cabello del hada celestial. Sobre todo son bellos sus estambres levemente combados hacia arriba, que recuerdan, en efecto, a las antiguas horquillas de pelo coreanas. Por lo general, las flores de las hostas no tienen fragancia. Sin embargo, en mi jardín tengo una hosta aromática, la hermosa de día. Se llama *So Sweet*, «Tan dulce». Pero yo no designaría su fragancia como dulce, sino más bien como elegante. La hermosa de día tiene un aroma similar al del lirio, pero más decoroso, más contenido, más leve.

Me he encargado de que mis hostas tengan los mejores vecinos. Entre estos maravillosos vecinos se encuentran nomeolvides caucasianas, astilbes, campánulas, geranios, hierbas, helechos y, para el invierno, anémonas y cimífugas. Aún añadiría la dedalera. Cerca de las hostas crecen dos dedaleras. Las campánulas exhiben un soberbio brillo azul durante todo el verano.

Me gustan mucho las flores que aman la sombra. Byung-Chul significa «luz clara». Pero sin sombra la luz ya no es luz. Sin luz no hay sombra. Luz y sombra van juntas. La sombra da forma a la luz. Las sombras son sus hermosos contornos.

El nombre en latín de la dedalera es *Digitalis*. La palabra *digital* se refiere al dedo, en latín *digitus*, término con el que también está emparentada etimológicamente la palabra *índice,* que designa el dedo que se emplea sobre todo para contar. La cultura digital hace que en cierto modo el hombre se atrofie hasta convertirse en un pequeño ser con carácter de dedo. La cultura digital se basa en el dedo que numera, mientras que la historia es una narración que se cuenta. La historia no numera. Numerar es una categoría poshistórica. Ni los tuits ni las informaciones componen una narración. Tampoco el *timeline* narra una biografía, la historia de una vida. Es aditivo y no narrativo. El hombre digital maneja los dedos en el sentido de que constantemente está numerando y calculando. Lo digital absolutiza el número y la numeración.

También lo que más se hace con los amigos de Facebook es numerarlos. Pero la amistad es una narración. La época digital totaliza lo aditivo, el numerar y lo numerable. Incluso los afectos se cuentan en forma de *likes*. Lo narrativo pierde enormemente relevancia. Hoy todo se hace numerable para poder traducirlo al lenguaje del rendimiento y la eficiencia. Además, el número hace que todo sea comparable. Lo único numerable es el rendimiento y la eficiencia. Así es como hoy todo lo que no es numerable deja de ser. Pero *ser* es un narrar y no un numerar. El numerar carece de *lenguaje,* que es historia y recuerdo.

Me gusta regar las hostas. Mientras lo hago observo cómo las gotas de agua se van deslizando hacia abajo por las anchas hojas. Regar las flores mientras las contemplamos nos relaja y a la vez nos llena de dicha. Regar las flores es pasar el tiempo con ellas.

Las hostas en alemán se llaman también *Herzlilien,* «lirios del corazón», porque sus hojas son cordiformes. Sus flores se parecen a las flores de lirio. Las hostas se marchitan tan repentinamente como salieron. La primera helada hace que, por así decirlo, desaparezcan derritiéndose.

Y qué decir de los astilbes. Merecen una alabanza. Al principio les prestaba poca atención. Pero cuando comenzaron a florecer me quedé asombrado de su belleza. Las coloridas espigas de flores tienen un soberbio esplendor. No las reconocía en su luminosidad. Es asombroso que también los astilbes sean oriundos de Asia Oriental. Resplandecen con magnificencia. Por eso en alemán se llaman también *Prachtspiere,* «espireas esplendorosas». Brindan a la sombra, en la que se sienten a gusto, un maravilloso esplendor, claridad y festividad.

La espirea se llama en alemán *Spier,* que literalmente significa «punta pequeña y blanda». En realidad, todas las flores de las matas de espireas, *Spiraea,* tienen ese aspecto. Son flores muy pequeñas. Si no fuera por mi jardín, jamás habría aprendido la palabra *Spier*. Palabras así me amplían el *mundo*. No solo hay astilbes o «espireas esplendorosas», sino también espireas de Japón o espireas «shirobanas».

Llegó la primavera. Casi como en éxtasis florecieron ya en mayo las plantas que en invierno tenían ramas secas y que parecían muertas o se habían reducido a muñones de aspecto desagradable. El jardín es un lugar extático para demorarse.

• Sobre la dicha •

Ellos [las plantas y los animales] son lo que nosotros fuimos; son lo que hemos de volver a ser. Fuimos naturaleza como ellos, y nuestra cultura debe llevarnos de vuelta a la naturaleza por vía de la razón y la libertad. Por eso aquellos son al mismo tiempo una imagen de nuestra infancia perdida, que eternamente seguirá siendo para nosotros lo más querido, y por eso nos llenan de una cierta añoranza. Al mismo tiempo son imágenes de nuestra suprema consumación en el ideal, y por eso nos sumen en una emoción sublime.

FRIEDRICH SCHILLER

Cada día que paso en mi jardín es un día de dicha. Este libro podría

Ranunculaceae

Anemone hupehensis

haberse titulado también *Ensayo sobre el día logrado que me hizo feliz*. A menudo anhelo trabajar en el jardín. Hasta ahora desconocía esta sensación de dicha. También es algo bastante corporal. Jamás fui tan activo corporalmente. Jamás toqué la tierra con tanta intensidad. Me parece que la tierra es una fuente de dicha. A menudo me ha asombrado su extrañeza, su alteridad, su vida propia. Solo gracias a este trabajo corporal he llegado a conocerla con intensidad. Regar las flores mientras las contemplamos nos colma de una dicha silenciosa y nos llena de calma. «Trabajo de jardinería» no es, por tanto, una expresión correcta. Trabajo significa originalmente tormento y fatiga. Por el contrario, la jardinería nos llena de dicha. En el jardín descanso de las fatigas de la vida.

• Hermosos nombres •

Hay nombres de flores que son maravillosos, otros son lúdicos y también hay otros que son misteriosos: prímula o «llave del cielo», bellorita o «bella perenne», arañuela o cabellos de Venus, iris de luto, diente de perro, cruz de Malta, nometoques, hierbamora o «solano negro». Resulta casi imposible aprenderse de memoria todos los nombres de flores. Se supone que hay unas 250 000 especies de flores en el mundo. La totalidad de sus nombres multiplicaría varias veces la extensión de mi diccionario alemán.

Antes pensaba mucho sobre nombres propios. En mi libro *Caras de la muerte,* escribí:

Walter Benjamin escribe en una narración: «Dicen que en la isla hay diecisiete especies de higueras. Se tendrían que conocer sus nombres, se dice a sí mismo el hombre que hace su camino bajo el sol». Así pues, cada especie de higuera es singular e inintercambiable.

La singularidad prohibiría nombrar las diecisiete especies de higueras con un único nombre. El nombre genérico eliminaría su singularidad, su especificidad, sus nombres propios. A causa de esta singularidad cada especie de higuera merecería un nombre particular, un nombre propio: merecería ser llamada e interpelada por su nombre específico. Como si el nombre fuera la evanescente clave que permitiera el acceso a la esencia, al ser; como si el nombramiento y la interpelación por el nombre propio fueran los únicos que aciertan a dar con su esencia. Violaríamos el ser de la respectiva especie de higuera si sometiéramos su diversidad bajo un único nombre, bajo una única designación genérica. Únicamente se podría interpelar a lo singular. Únicamente el nombramiento, la interpelación por el nombre propio proporcionaría la clave para experimentar la respectiva especie de higuera. Hay que entender bien que no se trata de un conocimiento, sino de una experiencia. Experimentar es una especie de interpelación o de evocación. El objeto de una experiencia auténtica, es decir, de la interpelación, no es lo general, sino lo singular. Lo singular es lo único que posibilita encuentros.

Desde que me dedico a la jardinería trato de aprenderme de memoria el mayor número posible de nombres de flores. Han enriquecido mucho mi mundo. Supone una traición a las flores tenerlas en el jardín sin conocer sus nombres. Sin nombres no es posible interpelarlas. El jardín es también un lugar de la interpelación. Un modelo de esto es la Diotima de Hölderlin.

Su corazón se sentía en casa entre las flores, como si fuera una de ellas. Ella las llamaba a todas por sus nombres, y por amor a ellas creaba nombres nuevos y más hermosos, y sabía con toda exactitud cuál era la fase vital más jovial de cada una de ellas.

Nietzsche concibe la asignación de nombre como un ejercicio de poder. Los dominantes «sellan cada cosa y cada suceso con un sonido y de ese modo, en cierta manera, toman posesión de ellos». Por consiguiente, el origen del lenguaje sería la «expresión de poder de los dominantes». Los lenguajes son «reminiscencias de las antiquísimas apropiaciones de las cosas». Para Nietzsche, cada palabra, cada nombre, es un mandato: *¡Debes llamarte así!* Según eso, los nombres son cadenas. El nombramiento es un empoderamiento.

Sobre esto yo pienso de otro modo. En un bello nombre de flor yo no percibo un mandato, una pretensión de poder, sino un amor, un afecto. Diotima, como dadora de nombres, es un ser amoroso. Por amor da a las flores los nombres más hermosos. Los nombres de flores son *palabras de amor*.

• *Victoria amazonica* •

Si el verano berlinés fuera permanentemente muy caluroso y sofocante y si en mi jardín yo tuviera un estanque grande, me gustaría ver florecer en él un nenúfar del Amazonas, la *Victoria amazonica*. Da la casualidad de que la primera de todas mis conferencias filosóficas, una que di hace veinte años en el Congreso Alemán de Filosofía celebrado en Leipzig, llevaba por título *Victoria amazonica*. En efecto, la conferencia se refería a este prodigioso nenúfar gigante del Amazonas. En aquella época yo solía pasar temporadas en Basilea. Basilea tiene un jardín botánico pequeño pero muy hermoso. Ahí hay un invernáculo para nenúfares, un invernadero para plantas acuáticas tropicales. Una vez al año abren el jardín botánico también por la noche, para que se pueda admirar la *Victoria amazonica*, que abre su flor justamente por la noche. Este nenúfar me inspiró una conferencia filosófica. La conferencia comenzaba con estas palabras:

Hay un nenúfar procedente del Amazonas llamado Victoria amazonica. *Al ponerse el sol, Helios, padrino del logos, el espinoso capullo de la flor sale del agua y se abre. Su fragancia atrae a los insectos. Al cabo de un rato se cierra de nuevo. Los insectos atrapados pasan ahí la noche y polinizan la flor. La primera noche la flor del nenúfar es blanca. Cuando vuelve a abrirse la segunda noche se tiñe de rojo, como si estuviera embriagada. Es sorprendente este cambio de coloración.*

Y terminaba así:

Según Walter Benjamin, lo que caracteriza al verdadero coleccionista es un estupor ante las cosas, que es esa capacidad de inspiración que antecede a la posesión: «Apenas [el coleccionista] tiene [las cosas] en sus manos parece inspirado por ellas, parece mirar a través de ellas hacia su lejanía, como si fuera un mago». También la mano de Heidegger custodia la lejanía: «Estoy pensando en una mano en reposo, en la que se concentra un tocar que queda infinitamente lejos de todo manosear […]».

El jardinero es también un coleccionista. Deja que las flores le inspiren. Medito sobre la mano del jardinero. ¿Qué toca? Es una mano amorosa, que espera, paciente. Toca lo que todavía no existe. Custodia la lejanía. En eso consiste su dicha.

De verdad que me gustaría tener un estanque en el jardín. Me gustaría ver florecer en el estanque un nenúfar blanco, una *Nymphaea alba*. Como es muy laborioso instalar un estanque en el jardín, en lugar de eso me hice traer a mi jardín una bella pila antigua de piedra caliza procedente de la pequeña cordillera del Kaiserstuhl. La pila de piedra llena de agua irradia una hermosa calma. Dos ciprinos dorados japoneses nadan en ella.

A mi jardín vienen también insectos. En Alemania he visto por primera vez una gran libélula gris. Es muy rápida y ágil. Me alegra encontrar pequeños saltamontes cuando estoy trabajando en el jardín. El arbusto de mariposas atrae al mediodía las mariposas. Les gusta a las mariposas pavo real. Como tantas otras flores, el arbusto de mariposas proviene del Lejano Oriente. Quizá sea este el motivo por el que siento un cariño especial por él.

Las mariposas y las abejas son insectos bellos. Pero también hay insectos y otros bichos de aspecto desagradable, como las cochinillas, las babosas o las lombrices. Me aparto de ellos con una cierta repugnancia. Como no me gusta matar seres vivos, me he afanado en recoger las babosas y sacarlas. Aunque me gustan los animales y los insectos, me molestan un poco las moscas, los mosquitos y las babosas.

El anterior encargado del jardín tenía casi exclusivamente dalias. Lo primero que hice fue quitarlas todas. Las dalias resultan algo ordinarias o vulgares. No son elegantes. Además, atraen a las babosas. Desde que las quité apenas veo ya babosas. Me gustan los caracoles con su propia casa a cuestas. Se parecen a mí. Además, son tan lentos y parsimoniosos como yo. Las babosas me resultan demasiado desnudas, demasiado transeúntes. Pero no siento compasión por ellas. Me resultan demasiado impertinentes.

Resulta extraño que en la «tierra» de Heidegger no haya insectos. En Heidegger solo aparece un único insecto: el grillo. Y lo hace como un sonido hermoso en los muros de los templos. Para Heidegger, todos los insectos vienen a ser parásitos, un término que en alemán designaba originalmente a aquellos animales que por ser implumes y no acusar dolor ni frío tampoco son apropiados para hacer sacrificios. Los animales que Heidegger se lleva a su tierra y a su mundo son sobre todo animales sacrificiales, como el reno o el toro. Me gustan los insectos hermosos.

Un mirlo de plumaje alborotado acude regularmente a mi jardín. Lo reconozco. Una visita agradable. Se siente a gusto en mi jardín. Entre tanto he llegado a identificarme plenamente con él.

Colchicaceae

Colchicum autumnale

• Narcisos de otoño •

No lloréis cuando lo excelente se marchite. ¡Pronto rejuvenecerá! No os aflijáis cuando enmudezca la melodía de vuestro corazón. ¡Pronto se encontrará una mano que la vuelva a tocar!
¿Cómo era yo? ¿Acaso no era como una música de cuerda desgarrada? Aún seguía sonando un poco, pero eran tonos fúnebres. ¡Entoné para mí un lúgubre canto de cisne! Me hubiera gustado trenzarme una guirnalda funeraria, pero solo tenía flores invernales.

FRIEDRICH HÖLDERLIN, *Hiperión*

Reina en otoño una gran desesperanza. Todo se marchita. Todas las hojas caen al suelo.

*Aquí y allá se puede ver aún
una colorida hoja en los árboles,
y a menudo me quedo ante los árboles
sumido en pensamientos.*

*Si busco con la mirada una hoja,
mi esperanza pende de ella.
Si el viento juega con mi hoja,
tiemblo cuanto puedo temblar.*

Hay maravillosas flores otoñales que florecen indestructibles hasta entrado el invierno, como, por ejemplo, las enredaderas o ipomoeas. También incluiría las rosas entre las flores otoñales. Continúan floreciendo vivaces hasta que llega la primera helada. Florecen hasta entrado el invierno. No es raro ver tiernos capullos de rosas cubiertos de montoncitos de nieve. Tengo en mi jardín algunas variedades de rosas que desafían el frío con su belleza.

A finales de otoño no hay que renunciar al esplendor de la floración. Hay azafranes de otoño y narcisos de otoño *(Colchicum autumnale)*. Los azafranes de otoño apenas se diferencian por su aspecto de los azafranes de primavera. Por el contrario, los narcisos de otoño tienen una flor mucho mayor. Sus bulbos también lo son. En alemán se llaman *Herbstzeitlose*, «intemporales de otoño».

¡Qué nombre! Con su embelesadora flor llevan al jardín una intemporalidad que parece flotar en el aire. En realidad, su exuberancia no encaja con el final del otoño. Cuando todo está consagrado a la decadencia, de pronto brota del suelo ya cubierto de hojarasca otoñal una gran flor. Esa flor sume todo el jardín en un curioso estado de ánimo. Cuando la vida comienza a declinar surge una vida nueva y esplendorosa. La luz que se va debilitando y el aire más frío anuncian ya el invierno que se avecina. Pero esta flor no se somete al tiempo. Viene a ser una flor metafísica. Su intemporalidad deja traslucir una trascendencia. El narciso de otoño o «intemporal» brinda al jardín una melancolía especial. Constantemente trato de sumirme en aquel extraño estado de ánimo del jardín. Es el temple fundamental que domina mi jardín y en el que se basa este libro de jardinería. Lo *templa*. No decrece ni siquiera en plena primavera y en pleno verano. Guarda estrecha relación con la obra para piano de Schumann *Cantos del alba,* que en esta época yo escucho cada día. La añorante espera de la mañana, de la vida que vuelve a despertar, es el modo temporal de mi jardín invernal.

    El primer día veraniego caluroso de 2016 fue el 22 de abril. Pero ya por entonces yo temía el inevitable avecindamiento del final de verano.

Pronto terminó el verano. Yo presentía ya por anticipado los turbios días lluviosos, el silbar de los vientos y el bramido de los arroyos, y la naturaleza, que, como una fuente espumosa, había penetrado en todas las plantas y en todos los árboles, ya se alzaba ahora ahí ante mis sentidos apesadumbrados, replegándose y cerrada y ensimismada, como yo mismo.

Hiperión

Asteraceae

Xerochrysum bracteatum

• Un diario del jardinero •

C'est une chanson pour les enfants
Qui naissent et qui vivent entre l'acier
Et le bitume, entre le béton et l'asphalte
Et qui ne sauront peut-être jamais
Que la terre était un jardin.

Il y avait un jardin qu'on appelait la terre.
Il brillait au soleil comme un fruit défendu.
Non ce n'était pas le paradis ni l'enfer
Ni rien de déjà vu ou déjà entendu.

Il y avait un jardin, une maison des arbres
Avec un lit de mousse pour y faire l'amour
Et un petit ruisseau roulant sans une vague
Venait le rafraîchir et poursuivait son
cours.

Il y avait un jardin grand comme une vallée.
On pouvait s'y nourrir à toutes les saisons.

Sur la terre brûlante ou sur l'herbe gelée
Et découvrir des fleurs qui n'avaient pas
de nom.

Il y avait un jardin qu'on appelait la terre.
Il était assez grand pour des milliers
d'enfants.
Il était habité jadis par nos grands-pères
Qui le tenait eut même de leurs grands-
parents.

Où est-il ce jardin où nous aurions pu naître?
Où nous aurions pu vivre insouciants et
nus?
Où est cette maison toutes portes ouvertes
Que je cherche encore et que je ne trouve
plus?

Georges Moustaki,
Il y avait un jardin

[Esta es una canción para los niños
que nacen y viven entre el acero
y el hormigón, entre el betún y el asfalto,
y que jamás llegarán a saber
que la tierra fue un jardín.

Había un jardín llamado tierra.
Brillaba al sol como una fruta prohibida.
No era el paraíso ni el infierno
ni nada de lo visto u oído.

Había un jardín, una casa hecha de árboles
con una cama de musgo para hacer el amor,
y un pequeño arroyo que discurría sin olas
venía, lo refrescaba y seguía su curso.

Había un jardín grande como un valle
donde podíamos alimentarnos todas las
    estaciones,
sobre la tierra ardiente o sobre la tierra
    helada,
y descubrir flores que no tenían nombre.

Había un jardín llamado tierra.
Era lo suficientemente grande para miles
    de niños.
Una vez estuvo habitado por nuestros
    abuelos,
quienes a su vez lo recibieron de sus abuelos.

¿Dónde está este jardín en que pudimos
    haber nacido?
¿El jardín donde podríamos haber vivido
    despreocupados y desnudos?

*¿Dónde está aquella casa con todas las
   puertas abiertas
que todavía sigo buscando y que ya no
   puedo encontrar?*

GEORGES MOUSTAKI, *Había un jardín]*

Llueve sobre nuestros rostros silvestres.

GABRIELE D'ANNUNZIO,
La lluvia en el pinar

31 de julio de 2016

Los girasoles que sembré esta primavera en la parte exterior de la valla del jardín florecen a pesar de los voraces caracoles, a los que tanto les gustan sus semillas. Han crecido muy vigorosamente. Estas plantas que adoran el sol bordean mi jardín con su amarillo resplandeciente. Incluso ellas mismas parecen soles radiantes. A menudo alzo la cabeza para mirarlas con asombro. Son *altas*. Es un milagro que de una semilla tan pequeña surja una flor tan gigantesca. Cuando toco las cabezas de sus flores, me asombra su firmeza, su arraigo y su terrosidad. Ese tacto es una sensación reconfortante, porque parece proporcionarme un hermoso *suelo* ahora que lo necesito más que nunca.

Las enredaderas de la valla del jardín florecen con un color violeta. El balcón de mi vivienda en Basilea, que no estaba lejos de la casa donde vivió Nietzsche, estaba cubierto de enredaderas. Se abrían ya por la mañana y se cerraban al anochecer. Las enredaderas emparraban el lado derecho de mi balcón y las vides, el lado izquierdo. En medio florecían en otoño cosmos o mirasoles. En el lado derecho había una madreselva en una gran maceta. Murió, dejándome abandonado de amor. También los relojes se quedaron entonces parados. El dolor fue muy grande.

Las siemprevivas florecen soberbias en rojo, amarillo y blanco. Al palparlos, sus pétalos se sienten tan secos como paja. Parece que nunca se marchiten. Me gusta su alegría radiante y su despreocupación. Son muy infantiles. No les gusta absolutamente nada el agua. Cuando llueve o las riego se enroscan. Incluso se encogen, como si sintieran dolor. Es triste que solo vivan un año. Florecen una vez para no volver a hacerlo jamás. Me gusta sobre todo la siempreviva blanca.

Florece el hibisco azul. El hibisco es la flor nacional de Corea. En coreano se llama *Mugungwha*. También florece la rosa azul llamada *Novalis*. El azul es el color del romanticismo. Es un color soberbio y señorial. Pero la connotación de dominación que tiene el señorío no pega con su belleza, pues la dominación carece de encanto. La hortensia azul florece reservada en la sombra. Los racimos del *Muscat Bleu* maduran lentamente y van tomando una coloración azul. La flor ojos negros u ojo de Venus está en plena floración. Es la flor estival por excelencia. *Resplandece* con su ojo sonriente todo el verano hasta el otoño. Ofrece un aspecto despreocupado y radiante.

7 de agosto de 2016

El sauzgatillo comienza a florecer. En un primer momento pensé que no era resistente al invierno, porque hasta comienzos del verano sus ramas parecían totalmente resecas. Pero para mi sorpresa echaron brotes. Fue una prodigiosa resurrección. De unas ramas que parecían muertas salieron brotes verdes. *Viven.* Ahora florecen con un azul resplandeciente.

El sauzgatillo se llama también agnocasto, pimiento de monjes o hierba de castidad, porque se suponía que atenuaba el impulso sexual. Por eso simboliza la castidad y la virginidad. La diosa Hera, que nació bajo un agnocasto, copulaba una vez al año con Zeus. Cuando después de eso se bañaba

Lamiaceae

Vitex agnus-castus

en el río *Imbraso,* se renovaba su virginidad. En los monasterios de la Edad Media los sauzgatillos crecían junto a otras plantas de especias y medicinales. Los monjes agregaban a los platos sus semillas de sabor picante como condimento. Ejercían su efecto como anafrodisíacos. Entre los anafrodisíacos que se empleaban contra los «pecaminosos placeres carnales» están también, además del sauzgatillo, la ruda, el lúpulo, el regaliz o el rabo de gato *(Amaranthus).* El médico griego Pedanio Dioscórides escribió en el siglo primero sobre el sauzgatillo:

Agnocasto, «arbusto del cordero casto», que los romanos conocen como pimienta silvestre, es un arbusto arbóreo que crece en las orillas de los ríos y en costas rocosas. Se llama agnus, «cordero», porque en las fiestas de las Tesmoforias las mujeres que querían preservar su castidad lo utilizaban como lecho o se lo bebían, porque así se moderaba el impulso sexual.

Las manzanas se ponen más grandes y amarillas. Saben muy bien. Realmente son fragantes. El jardín es un lugar de fragancias. Tiene un aroma a tierra. Las fresas, incluso las aromáticas bayas de la tierra, se van propagando. La palabra alemana para «baya», *Beere,* significa originalmente «la roja». Pero no todas las bayas son rojas. También tengo fresas blancas. Los pájaros no las devoran, porque creen que no están maduras. Pero sí que están maduras y tienen un sabor y un olor dulce. Gracias a su color quedan a salvo de los voraces pájaros, que en mi jardín se comen todas las bayas, incluso las uvas. Este año son especialmente voraces. Sin embargo, son sibaritas. Solo se comen frutos maduros. También proliferan los pepinos y los tomates. Proliferan sin medida. No me gusta esta desmesura. La hermosa de día *So Sweet* emite una magnífica fragancia.

12 de agosto de 2016

Un día muy frío y otoñal en pleno verano. Las flores, que pese al frío florecen soberbias, compensan de la temprana despedida del verano. Este año el verano se ha despedido realmente muy temprano. En pleno verano parecía que era otoño. Ahora aparecen las flores otoñales. Las grandes flores de los narcisos de otoño tienen el aspecto de una fruta exótica. Florecen festivamente, e incluso intemporalmente en pleno otoño. El tiempo festivo es intemporal. La fiesta brinda intemporalidad. Hoy el tiempo se ha totalizado como tiempo laboral. Ya no hay *fiesta*. Por eso el tiempo es más fugaz que nunca. Los narcisos de otoño traen luz y esplendor a un jardín que, por lo demás, es oscuro y otoñal.

23 de agosto de 2016

Me ha dejado muy triste que los girasoles se hayan marchitado pronto por culpa del verano tan corto y frío. No pudieron acabar de desarrollarse. Enseguida se desfloraron. Un frío inesperado provocó en pleno verano un otoño húmedo y frío. Los narcisos de otoño, que por lo general florecen en septiembre o en octubre, florecen ahora en pleno verano. Uno de los narcisos de otoño parece un gigantesco azafrán. Otro tiene una flor henchida.

La hortensia aromática emite una fragancia intensa pero muy fina. Huele a lirio. Los lirios sapo florecen en la sombra. Me gustan las flores de sombra. He hecho florecer la sombra. Ahí florecen la dedalera, las campánulas, las hostas, la nomeolvides caucasiana y las anémonas otoñales. Pero son las hortensias las que iluminan la sombra con su claridad. Son embriagadoras. Les tengo cariño. Con el tiempo he aprendido a quererlas.

19 de septiembre de 2016

Estamos ya en pleno otoño. El aire es muy frío. Hay mucha tristeza. Florecen espléndidamente las anémonas otoñales, los cosmos, los narcisos de otoño y los azafranes otoñales. Me he traído de Corea las semillas de cosmos. Así que este año florecen los cosmos coreanos. Al parecer también es coreana la albahaca de aroma desconocido que he comprado en el mercado de flores del Jardín Botánico en Berlín.

Los sauzgatillos, las rosas, las hostas, van perdiendo poco a poco su vigor vital y su fuerza de floración. La carióptera o espirea azul, el narciso de otoño, la flox, la lobelia, el ojo de Venus, la hermosa de día y las hortensias han palidecido por completo. Las rosas y los geranios dan al jardín otoñal un último y cálido resplandor.

Últimamente sentía que me estaba desangrando. El dolor me hizo permeable y vulnerable. La percepción se agudizaba. Era como si me doliera todo. Entonces sucedió una desgracia.

Hay en el jardín un hermoso sauce. Lo amo mucho. Me quedé aterrado cuando un día lo vi tronchado. Sus hojas parecían secas. Al parecer un roedor había roído su tronco abriendo un agujero. En el interior del tronco se podía ver algo rojo, de modo que yo tenía la sensación de que se había desangrado, de que se me había ido. Era la muerte que hacía acto de presencia en mi jardín.

Mi sauce, mi amada, se ha desangrado. La herida era tan grande que no pudo ser salvada. Probablemente presentía que iba a morir este otoño. En primavera deliraba, rodeada de un enjambre de abejas.

El 25 de septiembre de 2016 me quedé mucho tiempo, hasta entrada la noche, junto al cadáver erguido de mi amada. La estuve velando y lloré su muerte en compañía de las anémonas otoñales. El sauce se desangró en el momento en que creí desangrarme yo. Era mi amada, que yo creí perdida.

29 de septiembre de 2016

Florecen espléndidas las anémonas de otoño japonesas, los cosmos coreanos y los azafranes otoñales. Este año me he traído de Corea muchas semillas de plantas para mi jardín, sobre todo semillas de perilla o sésamo silvestre *Deulkkae, Kkaennip* (en japonés, *Egoma)*. Sus hojas tienen un sabor delicioso. Enrollo en ellas un poco de arroz con pasta de miso y me lo llevo a la boca. Tiene un aroma magnífico. Huele a tierra, a su profundidad y su ocultamiento. El calor del arroz armoniza muy bien con la picante hoja de sésamo. Hay muchas recetas de *Deulkkae*. Las hojas untadas con salsa de soja saben muy bien. Son uno de mis platos favoritos.

También es muy sabrosa la tempura con *Kkaennip*. En una fina y crujiente envoltura de masa se encierra un aroma embriagador que se desprende en la boca. En mi libro *Ausencia* pone:

También la tempura obedece al principio del vacío. No tiene aquella pesantez típica de las frituras de aceite en la cocina occidental. El aceite hirviendo tiene como única función convertir la finísima capa de harina puesta sobre la verdura o sobre los mariscos en un crujiente montón de vacío. También el relleno obtiene una deliciosa levedad. Si para la tempura se emplea una hoja de sésamo, como se hace en Corea, puesta en aceite hirviendo, se disuelve en un verde casi incorpóreo y muy aromático. En realidad es una lástima que a ningún cocinero se le haya ocurrido todavía la idea de emplear para la tempura una tierna hoja de té. Surge así una delicia hecha de mágico aroma de té y vacío, incluso un delicioso plato de ausencia.

Hasta finales de otoño recolecté *Kkaennip*. Por desgracia, las plantas no resistieron la helada. Se atrofiaron. Cuelgan flácidas. El sabroso y fragante verde se ha convertido en un cadáver marrón negruzco. Emiten un olor mórbido. Los sauzgatillos, las rosas y las hostas van perdiendo poco a poco su vigor vital y su fuerza de floración.

La espirea azul florece bella en la sombra. Y vuelven a florecer la flox y la lobelia. El ojo de

Lamiaceae

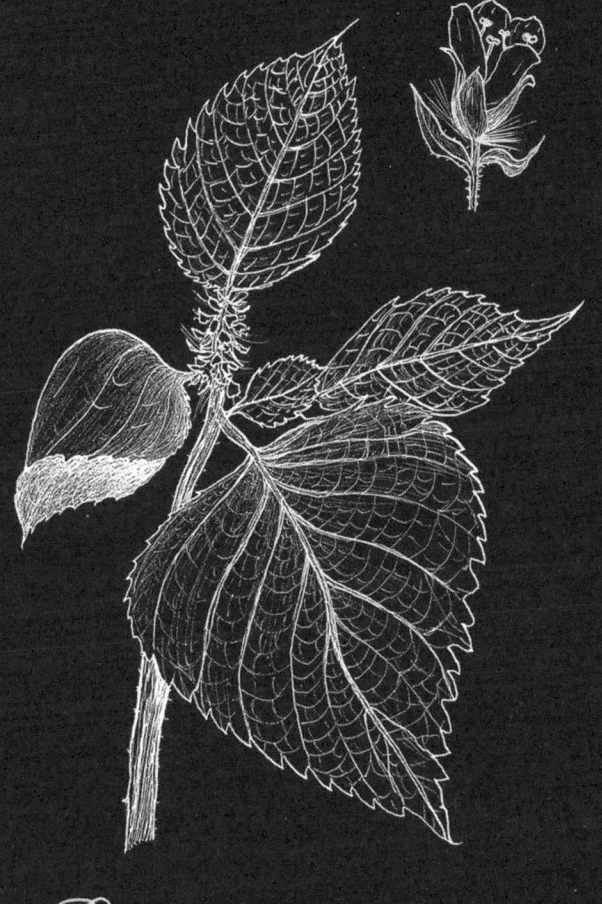

Perilla frutescens

Venus se va marchitando lentamente. Los geranios rojos parecen sentirse bien en esos fríos días de otoño.

17 de octubre de 2016

Ya hay mucha hojarasca otoñal en el suelo. Las flores de las hortensias van palideciendo lentamente. Sus colorados sépalos se van transformando en hojas verdes. Por el contrario, las campánulas que están al lado de las hortensias florecen con un violeta resplandeciente. Casi obstinadamente sigue floreciendo la hermosa de día. Las otras hostas hace ya tiempo que llevan cápsulas de semillas. Me gusta mi hermosa de día *So Sweet*.

A finales de verano pensaba que este año las rosas no iban a crecer bien. No tenían tantas ganas de florecer como el pasado verano, que llegó a estar enmarcado de rosas. Pero ahora en otoño vuelven a florecer. Incluso parece que el frío las reaviva. Resulta especialmente bello contemplar las rosas por la noche. Los narcisos de otoño que se plantaron tarde florecen hermosos. Sus flores grandes y henchidas son embelesadoras.

Gracias a la jardinería estoy aprendiendo nuevas palabras con las que de otro modo no me habría encontrado jamás. A menudo me llenan de dicha. Hay diversas especies de hortensias. No solo las hay como arbustos, sino también como lianas. La palabra *liana* me parece maravillosa. Se llaman lianas las plantas trepadoras con tronco lignificado. Tengo en mi jardín dos hortensias trepadoras. Las hojas caducas de estas plantas son opuestas. Me parece interesante el concepto de «opuesto». Designa la filotaxis *(phyllon,* «hoja», *taxis,* «ordenamiento»), una determinada disposición de las hojas. En el caso de la disposición opuesta, las hojas van brotando de dos en dos en los mismos puntos a lo largo de la rama, pero mirando hacia lados contrarios. En el tipo de filotaxis decusada o verticilada salen dos o más hojas del mismo verticilo. Yo ya conocía la palabra *Quirl,* «vértice», pero la palabra *Wirtel,* «vórtice», me era desconocida.

El limbo, *lamina,* designa la parte ensanchada de la hoja por encima del pecíolo. A su vez está fragmentado por la nervadura foliar, que consta a su vez de los haces vasculares y las areolas o campos intercostales que hay entre los haces. La nervadura foliar de las hortensias es casi siempre penninervia, aunque en algunos tipos es acródroma. En la nerviación foliar acródroma los nervios laterales discurren primero en paralelo al borde de la hoja y luego en dirección al ápice. Estos préstamos lingüísticos me fascinan. A menudo tengo avidez de ellos. La jerga se vuelve cada vez más complicada y bella. Los haces vasculares se encuentran en el límite entre el parénquima en empalizada y el parénquima esponjoso. Hablando con jardineros en alemán, un idioma que me resulta muy familiar, a veces me adentro en un hermoso idioma extranjero, en un bello mundo extraño. Una sola hoja alberga en sí multitud de palabras extrañas. A menudo las hojas caducas de las hortensias son *serradas* en el borde. Pero también hay hojas caducas con un borde liso. Carecen de estípulas. Las estípulas son apéndices foliáceos en los lados del pecíolo. Son, por tanto, simulacros de hojas, igual que los soles adyacentes son simulacros de soles.

Tres soles veía en el cielo,
me los quedé mirando fijamente durante
*   mucho tiempo;*
y también ellos estaban ahí tan clavados
como si no quisieran apartarse de mí.

¡Ay, no sois mis soles!
¡Mirad a otros a la cara!
Sí, también hace poco tenía tres,
y ahora se me han marchado los dos mejores.

¡Ojalá se marchara también el tercero tras ellos!
Me sentiría mejor en la oscuridad.

Las hortensias tienen inflorescencias cimosas o tirsoides. Se habla de una cima o de una inflorescencia cimosa cuando el eje principal termina en una flor. Tirso es la inflorescencia compuesta por varias cimas en un eje principal racimoso. Racimoso (del latín *racemosus)* significa en grupo.

Una flor perigina con ovario súpero consta de receptáculo o tálamo, sépalos, pétalos, estambres o microsporofilas y carpelos. En las flores de las hortensias puede haber brácteas. En el borde del receptáculo hay pseudantos estériles. En su interior se encuentran flores fértiles, muy pequeñas y discretas. Las flores estériles que hay en el borde tienen cuatro o cinco sépalos ampliados en forma de pétalos blancos, rojizos o violetas. Muchas hortensias de jardín carecen por completo de flores fértiles. Los pseudantos, que normalmente se toman por las flores de las hortensias, no son auténticas flores. Constan de sépalos. Las flores fértiles son casi siempre hermafroditas. Pero hay algunas especies que son unisexuales. Entonces son dioicas, es decir, biparentales con separación de géneros.

27 de octubre de 2016

Todo está muy mojado y hace frío. Las rosas agachan sus cabezas. Florecen con sus últimas fuerzas.

Hydrangeaceae

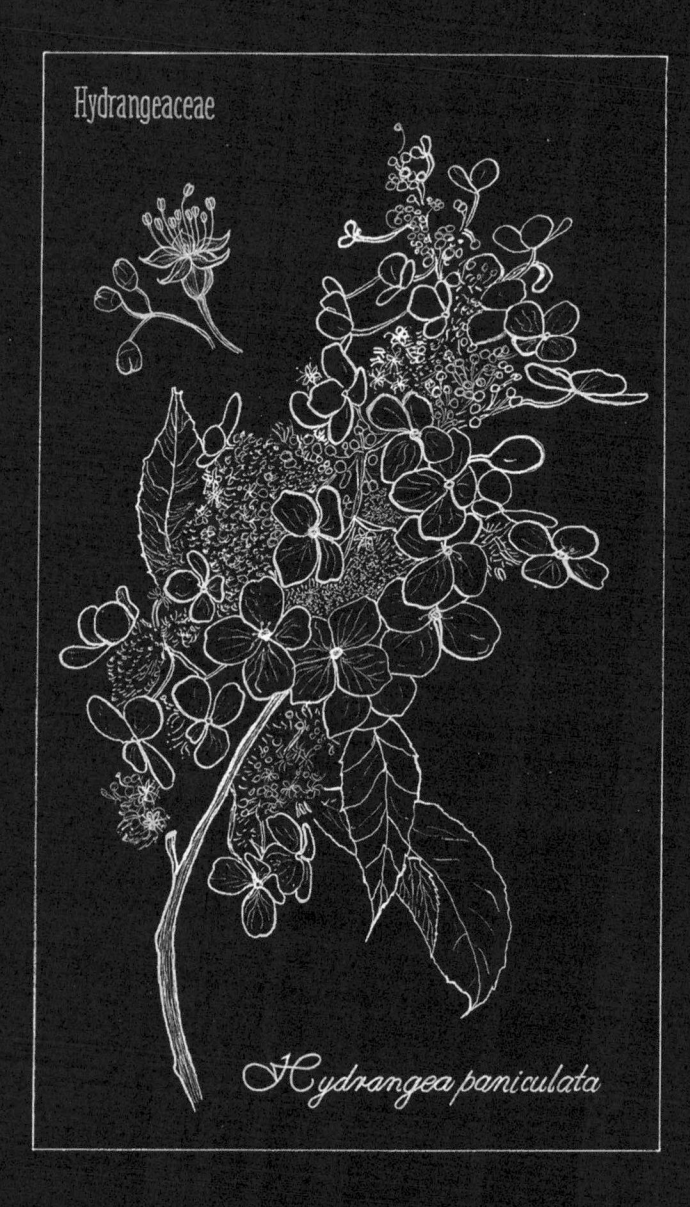

Hydrangea paniculata

Las hojas de las hostas se van deshaciendo del todo. Sus bordes amarillos se vuelven casi transparentes. La parte verde se pone totalmente amarilla. En plena hojarasca otoñal florecen azafranes y narcisos de otoño. Muerte y nacimiento, venida y partida se mezclan con una profunda melancolía. Planté en septiembre los narcisos de otoño. Son muy hermosos sus brotes blancos y violáceos, que salen del suelo a finales de otoño. Algunas «plantas rastreras» (qué expresión tan poco cariñosa) florecen también hasta entrado el invierno. Me gusta sobre todo la lobelia azul, que en alemán se llama también *Männertreu,* «fiel a los hombres». Su flor es de un azul brillante y tiene forma de orquídea. La lobelia azul florece con particular fidelidad. La lavándula aún saca algunas flores aisladas. La equinácea morada vuelve a florecer. Resulta interesante que algunas flores, después de haberse marchitado, inicien una segunda floración. Me gustan estas flores *rezagadas.*

18 de noviembre de 2016

Escribo estas líneas en el escritorio de estilo modernista que me he comprado recientemente. Sus guarniciones y llaves son muy hermosas. El modernismo y el Art decó son mis estilos favoritos. Tienen una belleza callada, sobria, retraída, pero animada. Mi nuevo escritorio tiene un vade de sobremesa verde. Las palabras escritas florecen ahí como flores de prado.

El otoño va muy avanzado, es casi invierno. Llueve a cántaros. Lluvia fría. Hay mucha oscuridad, el cielo está turbio y todo está mojado. El día nunca se pone realmente claro, ni siquiera cuando brilla el sol. Ya no tiene luminosidad, como si no irradiara carisma. Da la impresión de ser un disco mate en el cielo. Me he pasado horas barriendo la hojarasca otoñal. Casi todas las hojas han caído ya. No me gustan nada las hojas de roble. Son muy bastas y robustas. Por eso tardan en pudrirse. Me gustan las hojas más tiernas y débiles, que prefieren desaparecer, fundirse enseguida con la tierra, regresar a la tierra. Las hojas de roble insisten. Por eso no las encuentro bellas. Quiero quemarlas cuanto antes.

Estos días las hortensias ofrecen un aspecto penoso. Sus hojas se han puesto marrones y negras. Putrefacción y caducidad por doquiera. En un jardín normal ya no quedarían en esta época flores en floración. Pero el mío es un jardín invernal. En mi jardín empieza una nueva y segunda primavera. Por todas partes salen brotes verdes. Florecen los azafranes de otoño. El viburnum de invierno echa unos capullos henchidos. Pronto florecerán el cerezo de invierno, el jazmín de invierno, los acónitos de invierno, los adonis, los galantos o campanillas de las nieves, el quimonanto o macasar, el hamamelis o avellana de bruja y los eléboros negros. En mi jardín hay una segunda primavera en pleno invierno.

27 de noviembre de 2016

Florece hermoso el croco de azafrán, *Crocus sativus*. Es un croco que florece en otoño. En el centro de los pétalos se encuentran los estigmas de un rojo brillante, los hilos de azafrán. Sin embargo, la cosecha es muy exigua. Para un kilo de azafrán se necesitan hasta doscientas mil flores. Por eso se considera un lujoso condimento de reyes. Sirve también como medicina y se emplea para teñir valiosos ropajes. Los romanos hacían mucho derroche de azafrán. Significaba para ellos lujo y dispendio por excelencia. Como signo de su triunfo, Nerón mandó espolvorear las calles de Roma con azafrán.

El croco de azafrán parece amar el frío. Florece en pleno frío invernal. Sus hojas delgadas y aciculares son especialmente bellas. Por ahora florece no lejos de un narciso de otoño blanco de floración tardía. Los narcisos de otoño brindan al jardín una cierta intemporalidad. Son *Cantos del alba*.

3 de diciembre de 2016

Hace un frío gélido. Los brezos de invierno florecen blancos, amarillos y rosas. Parece que la helada no les afecte nada. ¡Qué pacientes son y cuánto pueden soportar! A menudo florecen junto a las tumbas. Prometen una resurrección. He arrancado una flor de azafrán y la he metido dentro del libro de Baudrillard *De la seducción*. La flor de azafrán en la noche invernal es por sí misma una seducción. Ha quedado bien marcada entre las páginas 138 y 139. Las líneas teñidas de azafrán dicen:

En todo proceso de seducción, igual que en todo crimen, hay algo impersonal, algo ritual, suprasubjetivo y suprasensible, de lo cual es un mero reflejo inconsciente la experiencia real, tanto la del seductor como la de su víctima. Una dramaturgia sin sujeto. El ejercicio ritual de una forma cuyos sujetos se consumen. Por eso el conjunto asume al mismo tiempo la forma de una obra estética y la de un crimen ritual.

La fuerza seductora de la hermosa muchacha, su belleza *natural*, tiene que ser sacrificada y destruida por la dramaturgia y la estrategia artificiosas del seductor. El arte del seductor, que se las apaña sin psicología, alma ni subjetividad, vence a la fuerza seductora natural de la hermosa muchacha. El seductor es un sacerdote sacrificial que se entrega al proceso ritual de la seducción.

Hoy he podido sumirme por un momento en la ilusión de encontrarme en plena primavera. Incluso con este frío las hojas aciculares de los crocos de azafrán resplandecían con un verde intenso. La humedad congelada sobre el césped y sobre la hojarasca otoñal lanza brillos como diamantes o estrellas en un cielo nocturno despejado. Percibo las hojas otoñales que escintilan argénteas como la mano de mi amada que tirita de frío y busca calentarse entre mis dedos. Incluso habría besado el suelo centelleante.

Del manzano deshojado colgaba aún una manzana arrugada. No la había visto hasta hoy y me quedé asombrado. Brillaba amarilla en la noche. Es un regalo, e incluso una alabanza de la tierra, la solitaria manzana invernal. Resplandecía redimiendo la desangelada noche de invierno como si fuera el reflejo de una luz metafísica, de lo bello, que al mismo tiempo representa lo bueno.

12 de diciembre de 2016

Por todas partes hay en el suelo hojas de roble. Las detesto. Destruyen las formas y los colores que definen el jardín. Al eliminar las diferencias, transforman todo en algo igual. Están muertas, pero no mueren. Son los muertos vivientes de mi jardín. En nuestra sociedad actual también proliferan los muertos vivientes que todo lo igualan. Por ejemplo, el neoliberalismo alemán, imaginándolo como una especie de feo robledal, se asemeja a esos muertos vivientes que son las hojas de roble, las cuales destruyen toda diferencia, e incluso su alteridad. Me acabo de dar cuenta de que la palabra *igual, Gleiche,* ya contiene la palabra *roble, Eiche.*

Casi coléricamente he sacado hoy todas las hojas de roble del jardín. Las que habían quedado atrapadas o incluso incrustadas entre las ramas de otras plantas las he ido extrayendo una a una, en cierto modo para ejecutarlas. Las hojas de arce, por el contrario, me parecen más nobles y finas que las de roble. También me gustan las hojas pequeñas y amarillas del cerezo.

Las hostas marchitas se han puesto ahora todas negras. Sus hojas cuelgan flácidas. Sin embargo, irradian una belleza mórbida. Es magnífico contemplar el jardín invernal incluso sin flores. Las osamentas de las marchitas anémonas de otoño japonesas son tan bellas como sus propias flores. Precisamente en invierno las hierbas cobran un aspecto especialmente encantador. A su lado resplandecen verdes los eléboros negros y las camelias. Las plantas de floración invernal son las únicas que conservan su intenso verde. Así es como la *Sarcococca humilis,* también llamada «caja dulce», y los arbustos de lavándula japonesa permanecen verdes en invierno. Mejor debería envolver de nuevo las camelias en una caliente cubierta invernal. El año pasado estuvieron a punto de congelarse y no florecieron hasta primavera.

24 de diciembre de 2016

Pasé la Nochebuena en la soledad nocturna del jardín. Iluminé el jardín con el foco que había empleado para mi película. He instalado un filtro de luz diurna en esta lámpara halógena. De este modo, alumbra con una bella luz blanca. La luz del día es más bella que la luz artificial. Durante el rodaje de mi película *El allanador* conocí la luz. Ahora puedo distinguir entre una luz bella y otra que no lo es. Cuando mi dentista estaba examinando mis dientes con una lámpara con lupa yo interrumpí el tratamiento porque la luz me parecía muy bella. Él me explicó que un colega suyo había construido esta lámpara con lupa expresamente para él.

La luz diurna por la noche transforma el jardín en una escena fílmica. Pero el jardín estuvo hoy muy desangelado. El año pasado por estas fechas hacía un tiempo muy cálido. Por aquel entonces florecían los acónitos de invierno, el jazmín de invierno y el cerezo de invierno. Ahora lo único que veo son crocos de azafrán tronchados. Pero por todas partes se pueden ver brotes jóvenes. El viburnum de invierno y el cerezo de invierno están a punto de florecer. También volverá pronto a florecer roja y amarilla la avellana de bruja.

9 de enero de 2017

Un día invernal de un frío cortante, incluso casi doloroso. La temperatura cae súbitamente por debajo de diez bajo cero. El jardín está totalmente cubierto de nieve. Impera por doquier una profunda melancolía. Me gustaría partir para un eterno viaje invernal.

El año pasado entre Navidad y Año Nuevo florecieron los acónitos de invierno, el jazmín de invierno, el cerezo de invierno, la avellana de bruja y el viburnum de invierno. El tiempo fue inusitadamente suave. Así es como hubo una primavera en pleno invierno.

En la noche gélida y helada de hoy he sufrido mucho con mis plantas, a las que amo. He sufrido con mis amadas. Pronto tendré que protegerlas de un frío mortal. Las camelias precisan una asistencia especial. Las envolveré con mi manta de

Ranunculaceae

Helleborus niger

cama. En mi jardín hay plantas muy necesitadas de protección. Quiero darles calor. Amor es también asistencia. El jardinero es un amante.

19 de enero de 2017

Una noche gélida y de un blanco níveo. Es un milagro que a pesar de este frío hostil algunas flores invernales aún florezcan. La avellana de bruja y el eléboro negro florecen en medio de la nieve. Celebran la resurrección. Hoy es mi día de Pascua. La flor de la avellana de bruja irradia un rojo purpúreo. El eléboro ilumina la noche con sus flores blancas. Es difícil distinguir entre el blanco de la nieve y el blanco del eléboro.

29 de enero de 2017

Las flores de los eléboros negros casi se han quedado congeladas en el acto. Sin embargo, conservan pertinazmente, incluso heroicamente, su forma y su color. Sus numerosas yemas blancas son bellas en la oscuridad nocturna. Aportan *ser* a la nada invernal. En ese sentido son *metafísicas*. *Trascienden* la *physis,* que está a merced de la caducidad. Al resplandecer acaban con la melancolía invernal. Las flores invernales son sublimes, e incluso numinosas. Son *el numen de mi jardín*.

En la lápida de Rilke pone: «Rosa, ¡oh pura contradicción!, placer». El eléboro negro en mi jardín es realmente una pura contradicción de la muerte, una resistencia florida a la caducidad y la putrefacción. Es placer, placer de vivir en pleno invierno hostil. Es casi *inmortal*. Encarna las puras *ganas de ser*. Su floración es un delirio, una ensoñación embriagadora, pero al mismo tiempo melancólica en plena oscuridad invernal. Como el narciso de otoño, engendra una milagrosa intemporalidad en mi jardín.

Los cristales de hielo sobre el césped aún verde y congelado escintilan mágicos entre las camelias y la avellana de bruja. Parece que fueran estrellas en el cielo nocturno. Rebosante de dicha, contemplo el espectáculo de luces nocturno.

En pleno invierno siento añoranza de flores, de vida floreciente. Justo ahora las echo mucho de menos. Las extraño casi corporalmente. Incluso las deseo como a amadas. En pleno invierno tengo nostalgia de colores, formas y fragancias.

He llegado a la conclusión de que hoy no nos hemos vuelto forzosamente más felices. Cada vez nos alejamos más de la tierra, que podría ser fuente de dicha.

27 de febrero de 2017

Tras un eterno frío hostil ha llegado hoy el primer día luminoso de primavera en pleno invierno. Yo percibía una extraña vibración en el aire y en la luz. También el rayo de sol se sentía de modo totalmente distinto. Cuando cayó en mi mejilla sentí la prometedora primavera que se avecinaba. La luz tenía una intensidad distinta, un temperamento distinto. *Algo ha cambiado*. Ahora florecen acónitos de invierno. Casi se los puede ver crecer y florecer. También florecen numerosos eléboros negros. Resulta mágica la amarilla avellana de bruja con su fina fragancia.

Las flores invernales atraen ya a las abejas. ¿Hibernan en realidad las abejas? ¡Aparecen tan repentinamente en pleno invierno! Revolotean alrededor de los eléboros negros y los acónitos de invierno. Hoy me quedé sobrecogido por esta visión. Me arrodillé y besé cada flor. También besé el capullo del adonis u ojo de perdiz, que resplandecía con un brillo argénteo.

2 de marzo de 2017

Hoy he estado de nuevo en el jardín, que todavía sigue siendo invernal. En estos momentos echo mucho de menos mi jardín, pues justamente en invierno quiere que yo lo cuide y lo contemple, es decir, que lo ame. Después de todo, es un jardín invernal en sentido literal. El adonis tiene un capullo sedoso, con un brillo argénteo. Me quedé casi sobrecogido por su belleza. El año pasado no floreció el adonis. De algún modo mi jardín me ha dado la fe en Dios. La existencia de Dios ya no es para mí un asunto de fe, sino una certeza, e incluso una evidencia. *Dios existe, luego yo existo*. Utilicé la esterilla de gomaespuma para las rodillas como mi alfombra de oraciones. Recé a Dios: «¡Alabo tu creación y su belleza! ¡Gracias! *¡Grazie!*». Pensar es agradecer. La filosofía no es otra cosa que amor a lo bello y bueno. El jardín es el bien más bello, la belleza suprema, *to kalon*.

17 de marzo de 2017

Estoy pasando estos días en Seúl. Quería estar cerca de mi padre moribundo.

> *Mantener alejadas las moscas*
> *del rostro durmiente.*
> *Hoy, a modo de final...*

Llegó la noche y nada podía hacer yo salvo –aunque a mí mismo me parezca absurdo– humedecer los labios de mi padre enfermo con agua que había en un recipiente al lado de su cama.

La luna del vigésimo día alumbraba con sus rayos que entraban por la ventana. En el vecindario de la zona todos dormían un sueño profundo. Cuando oí en la lejanía el octavo canto del gallo la respiración de mi padre se hizo débil, tan débil que apenas se la podía oír ya.

Issa, *Los últimos días de mi padre*

Hoy volví a estar en Inwangsan, el monte sagrado de Seúl. Hace un frío invernal en Seúl. Nada de verde, por doquier cemento gris. De camino al monte sagrado, donde viven los dioses, me encontré con el jazmín de invierno en flor. En pleno invierno florecía con un amarillo resplandeciente. Parece que a este arbusto de floración invernal le gustan las montañas. Florece sobre todo en alturas entre 800 y 4500 metros. Este hermoso encuentro, que me pareció un regalo del cielo, me llenó hoy de dicha. Arranqué un par de ramas y las ofrecí en sacrificio a los dioses del monte sagrado, a los que hoy ya nadie presta atención. Pero *existen*. Aquí los hombres, por el contrario, divinizan el dinero. La tierra, lo bello, el bien, han desaparecido y han quedado totalmente sepultados.

19 de marzo de 2017

Hoy volví a estar con mi padre moribundo. En el camino de regreso me sorprendió un árbol de floración invernal que no conocía hasta ahora. Era un cornejo macho asiático, *Sansuyu,* que proviene originalmente de China, Corea y Japón. Su flor se parece a la del viburnum de invierno. Arranqué una rama. Luego fui de nuevo a un templo budista en el monte sagrado Inwangsan y ofrecí la flor en sacrificio a Buda. Me quedé sentado mucho tiempo ante el buda agradeciéndole la flor de todo corazón. En el jardín del templo la magnolia ya echaba capullos. Las jóvenes monjas budistas, *biguni,* que me encontré eran puras de corazón. Jugué con las pequeñas campanillas que colgaban de la magnolia, sacándoles sonidos. Hice con ellas una música del silencio. Dos perros gemelos, que tenían un aspecto muy coreano, ladraban despreocupadamente.

21 de marzo de 2017

Por fin estoy de nuevo en Berlín. En Seúl, ese infernal desierto de cemento, extrañaba mucho mi jardín de floración invernal. Tuve puesto en él mis pensamientos todo el tiempo.

Es asombroso que la casa a la que me he mudado recientemente tenga un patio interior en el que hay precisamente varios arbustos viejos de viburnum de invierno. El año pasado floreció ya en diciembre. Su fragancia es magnífica. El patio interior estaba inundado de ella. Este año no floreció hasta marzo. Me recibe con su floración.

2 de abril de 2017

Florecen tableros de damas, melocotoneros, ciruelos de jardín y narcisos blancos. Las flores de sauce atraen un enjambre de abejas. Este año las camelias no sufrieron daños por heladas. Los brezos de invierno siguen floreciendo vivaces. El cerezo de invierno florece esplendorosamente. En la sombra resplandece azul la nomeolvides caucasiana. La saxífraga *Kabschia* florece escondida junto al arbusto de lavándula, que se mantuvo verde también en invierno. La laureola o dafne florece solitaria junto al cerezo de jardín, que res-

Saxifragaceae

Saxifraga kabschia

plandece rosa. Este año florecen los eléboros rojos. El año pasado no echaron flores. Al parecer han descansado y hecho acopio de fuerzas.

5 de abril de 2017

Paseando olí un soberbio aroma proveniente de un restaurante italiano. En una gran maceta había un arbusto con una maravillosa fragancia. No lo conocía. Un comensal que estaba sentado junto al arbusto me dijo que se llamaba «árbol de cerveza». El dueño del restaurante, que no fue capaz de decirme el nombre del arbusto, me dijo, más para salir del apuro que por otra cosa, que en italiano ese árbol se llama *Nastro Azzurro*. Al llegar a casa busqué un árbol con ese nombre. En lugar de árboles apareció en la pantalla la cerveza italiana *Nastro Azzurro*.

He estado mucho tiempo tratando de identificar el fragante árbol. Su hoja, que parecía la mano de un niño, me ayudó a hacerlo. Es una especie de majuelo. Para mí se sigue llamando *Nastro Azzurro*.

9 de abril de 2017

La magnolia estrellada, *Magnolia stellata*, irradia un soberbio color blanco. La kerria japonesa o mosqueta resplandece amarilla. Los tableros de damas hechizan la parte umbría de mi jardín. El rododendro preprimaveral florece rosa. Los rosales echan brotes. Sus hojas caducas tienen un bello esplendor. Este año florecerán soberbios. Después de todo, los rosales tienen muchas ganas de florecer. Sobre todo espero con ilusión la rosa azul *Novalis*.

15 de abril de 2017

El cerezo y el ciruelo europeo florecen soberbios. Sus flores se parecen. Iluminan, es más, redimen la noche todavía fría de abril. Las ciruelas amarillas fueron el año pasado especialmente sabrosas, con un fino sabor dulce y terroso. Los tulipanes florecen por el lado exterior de la valla del jardín. Son fieles a su floración y tienen fuerza para florecer. Florecen infatigables y con fiabilidad. Las hojas de los narcisos de otoño son de un verde fuerte, pero se marchitan y caen ya en verano para generar en otoño sus soberbias flores. El manzano tiene unos capullos rojizos que, sin embargo, al abrirse se vuelven blancos.

23 de abril de 2017

Noche gélida. A pesar de la helada tardía ni una sola planta y ni una sola flor se han helado en mi jardín, lo que parece un milagro. Las he calentado con mi amor. Amor es calidez, e incluso calor cordial, capaz de hacer frente a la más dura helada.

2 de mayo de 2017

Florecen por primera vez las lilas, con un color violeta. Tienen una fragancia decorosa y noble. También florece el manzano. El alba comienza ya media hora antes de que salga el sol. El lago Schlachtensee, cerca del cual se encuentra mi jardín, lanza destellos de un gris rojizo a primera hora de la mañana.

9 de mayo de 2017

Me encuentro en plenas elecciones presidenciales en Corea del Sur. Por este motivo he escrito a una periodista:

Lamentablemente, el nuevo presidente coreano se llama Moon Jae-in. 文在寅. 在 *significa «presente».*

寅 *significa, entre otras cosas, «tigre». Puede rugir muy bien. Mi candidato favorito, Ahn Cheol-soo, no puede rugir. Pero puede reflexionar. Al fin y al cabo, su nombre significa «luz magnífica». Ahn significa, además, «paz». Ya Adorno dijo: «Cuando las líneas de nuestro destino se enredan en una red inescrutable, entonces los nombres son en ocasiones los sellos que se estampan en el lineado [...], mostrándonos iniciales que no entendemos, pero a las que obedecemos».*

Moon va a dividir Corea. Moon-jae también significa en coreano «problema». Un niño problemático se dice en coreano Moon-jae-a, 問題児. *Moon Jae-in no podrá resolver los acuciantes problemas* 問題 *de Corea. Él mismo es un problema. Moon-jae* 問題. *Dicen que en realidad no quería llegar a ser presidente. Su partido le impelió a eso porque él había sido un colaborador del antiguo presidente Roh Moo-hyun. Yo tenía a este último en gran estima. Moon no tiene talla. Tras su victoria se burló de Ahn Cheol-soo haciendo un gesto. Los últimos días antes de las elecciones, Ahn Cheol-soo quiso estar cerca de la gente, así que fue a pie por toda la nación con una mochila y en zapatillas de deporte. Eso me conmovió mucho. Yo habría caminado a su lado y le habría ayudado con mis palabras. Tras su derrota hice saber a Ahn Cheol-soo por medio de periodistas coreanos que en las próximas elecciones presidenciales me gustaría estar a su lado hablando y gritando por él. Él mismo no puede gritar bien. Da la impresión de ser un hombre pacífico que habla muy quedo.*

Estas elecciones presidenciales fueron un proceso muy complejo. Occidente lo simplifica reduciéndolo a la tensión entre Corea del Norte y Estados Unidos. Los corresponsales alemanes en Asia ni siquiera dominan las respectivas lenguas vernáculas. Por eso leen, por ejemplo, lo que publica la Yonhap News Agency, que es fiel al gobierno, o tienen traductores que no hablan bien el alemán. Así es como luego las crónicas salen pobres o incluso falsean las cosas. Por ejemplo, informan de que Moon continuaría con la «política de la luz solar» de Kim Dae-jung. Pero precisamente en el curso de esta «política de la luz solar» Corea del Norte intensificó el trabajo en las bombas atómicas y los misiles. Probablemente con los fondos que Kim mandaba al norte. Dicen que, en cierto sentido, su premio Nobel de la paz fue comprado con mucho dinero. El verdadero problema no son los Kims de Corea del Norte, sino Estados Unidos.

Parece ser que durante las elecciones presidenciales las ipomeas o campanillas florecieron magníficas en el jardín de los padres de Ahn Cheol-soo. Ahn hablaba del «buen mensaje de las flores». Las ipomeas o campanillas se llaman en coreano 나팔꽃. Prometen cosas buenas. Ahn Cheol-soo también era quizá el candidato favorito de las flores. Me gustan las campanillas, sobre todo las azules. Se abren en el crepúsculo y florecen hasta fines de otoño.

Saludos floridos desde mi jardín, que a pesar del frío florece ahora espléndidamente.

Las ipomeas o campanillas no solo significan buenas noticias, sino también amor perdido y fidelidad. La flor de la fidelidad tiene su propia leyenda. Cuentan que un famoso pintor tenía una mujer muy hermosa. La fama de ella llegó hasta el príncipe, quien decidió arrebatársela al pintor. Lo acusó de un crimen y lo encerró en prisión. El pintor enloqueció de añoranza de su mujer. Después se encerró en su casa y empezó a pintar un cuadro tras otro, hasta que un día murió junto a sus cuadros. Se apareció en sueños a su amada. Cuando ella, con la esperanza de ver a su amado, abrió la ventana, vio ante la casa una campanilla.

14 de mayo de 2017

Hoy me he lastimado escardando los hierbajos. Me he hecho una excoriación cordiforme en la palma de la mano derecha. Me duele bastante. Pero, después de todo, yo también he hecho daño a los «hierbajos». Los he herido escardándolos. Al fin y al cabo, como jardinero he de encargarme de que en el jardín no proliferen los matorrales. Unas cuantas margaritas silvestres me parecen bonitas. No las quitaré del jardín. Pero siento aversión hacia ciertas plantas que son muy destructivas y desconsideradas. Desbancan a las plantas nobles, que justamente son débiles. Detesto sobre todo una variedad de trébol. Se me aparece incluso en sueños o en ensoñaciones para atormentarme. Es indestructible. Prolifera hasta hacerse dueño de todo. Se propaga como el cáncer de piel. No basta con arrancar sus hojas de superficie. Hay que extraer sus raíces. Es un trabajo muy fatigoso.

18 de mayo de 2017

Por primera vez florece el rododendro. Hoy me he ocupado de los rosales enfermos. Las hojas se enrollan. La culpa la tienen las orugas del rosal. He plantado el hermoso árbol del cornejo, *Cornus*. Me volví a quedar en el jardín hasta el amanecer. Las innumerables flores de la genista con su brillo amarillo iluminan la noche y me llenan de dicha.

26 de mayo de 2017

Un soberbio día estival. Las rosas empiezan a florecer. Me he sumergido en el calor de la luz, que me llena de felicidad.

¿Por qué los rosales tienen espinas? Después de todo, ya solo por veneración no se tocan las bellas rosas. Me acerco muy devotamente y me inclino sobre ellas lleno de asombro y respeto. Jamás se me ocurriría tocarlas. Su belleza impone distancia.

Agotado del viaje…
en lugar de buscar una morada…
¡ahí, las glicinias!

Matsuo Bashô

8 de junio de 2017

Los rosales florecen como en éxtasis. Algunas ramas cuelgan muy caídas, inclinadas por las pesadas cabezas de las flores. Una amapola silvestre florece junto a la entrada del jardín. Este año he visto muchas amapolas en el jardín. Especialmente encantadora es la henchida adormidera, *Papaver paeoniflorum*. Los lirios amarillos vuelven a florecer fiablemente. Tienen muchas ganas de hacerlo. La madreselva florece violeta. Su flor posee un encanto juguetón.

12 de junio de 2017

Florecen las hostas. Me llenan de dicha y me embriagan. Por el contrario, la hermosa de día no florece aún. ¡Qué hermosas son las diferentes hojas de las hostas! En realidad, son más bellas que sus modestísimas flores.

14 de junio de 2017

He sacado el sauce muerto del jardín. Casi enardecidamente he maldecido de nuevo al malvado roedor que mató al más hermoso árbol, mi amada. Fue un crimen brutal.

17 de junio de 2017

Un fresco día estival. No me gusta el calor. Resplandecen los astilbes. La flor del hipérico o hierba de San Juan resplandece amarilla. He limpiado de hierbajos los bancales de flores. Así ganan en forma.

Papaveraceae

Papaver paeoniflorum

19 de junio de 2017

El lago Wannsee resplandece azul oscuro en la noche de verano. La espuela de caballero violeta descuella y sobrepasa incluso a los rosales. En esta época la noche es muy corta. Y nunca llega a ser totalmente oscura. Siempre se puede ver un resplandor de luz en algún lugar del amplio horizonte. Esta noche clara es hermosa. He recolectado las cerezas. Tienen un sabor que transmite alborozo. Las fresas granates tienen un sabor delicioso, a diferencia de las fresas que venden en las tiendas.

Esta embriaguez floral nocturna me llena de dicha. Hoy, en pleno verano, me he dado un baño caliente con el fragante lirio de agua. La hortensia sargentiana echa por primera vez capullos. Estuvo enferma durante dos años. Yo me ocupé amorosamente de ella. Ahora corresponde a mi amor.

21 junio 2017

Hoy he visto por primera vez florecer olivos, no en Italia, sino en Berlín, en un restaurante italiano que hay en la vecindad. Florecen en el barrio de Schöneberg, e incluso en la loma de Schöneberg. Están plantados en macetas delante del restaurante. Afuera no sobrevivirían al frío y crudo invierno berlinés. Las flores de los olivos son muy pequeñas. Se parecen a las flores fértiles de la hortensia y al igual que estas forman una umbela. La pasta con setas estaba deliciosa. También las olivas italianas de color verde claro que había en la ensalada.

25 de junio de 2017

Hoy he revestido el ciruelo europeo con una malla. Quería proteger las deliciosas ciruelas amarillas de los pájaros. Hace dos años se comieron todos los racimos sin dejar ninguno. La verdad es que yo hubiera querido ver cómo maduraban lentamente. Los pájaros fueron muy voraces o tenían muchas ganas de comerse las bayas. Pero curiosamente este año todas han quedado intactas. No han venido los pájaros. Por otra parte, eso me pone muy triste y me desasosiega. ¡Venid, pájaros míos, aquí tenéis deliciosas bayas! Este año han aparecido también solo unas pocas abejas. Espero que el arbusto de mariposas florezca pronto y vuelva a atraer hermosas mariposas. Este año ha alcanzado un metro de altura. Las azucenas amarillas crecen espléndidas. Sus flores amarillas y rojas *resplandecen*. Sí, *resplandecer* es el verbo apropiado para las azucenas amarillas en flor. Las rosas no resplandecen. Necesitan otro verbo. Tampoco son radiantes. Radiantes son las anémonas o las siemprevivas. ¿Y las rosas? Tampoco son esplendorosas, pues se contienen un poco. Las rosas son recatadas. En eso consiste su magnificencia. *Las rosas rosean.* Su verbo es *rosear.*

Rilke amaba las rosas y a los ángeles. Mi jardín tiene muchas rosas. Tienen bastante ternura como para no acaparar mi mirada. Y en la puerta del jardín se yerguen dos estatuas de ángeles. Protegen mi rosaleda. Rilke escribió muchos poemas sobre rosas:

Rosa, ¡oh, pura contradicción!,
placer de no ser sueño de nadie
bajo tantos párpados.

Noche hecha de rosas. Noche hecha de muchas,
   muchas
rosas claras, noche luminosa hecha de rosas,
sueño de los mil párpados de las rosas:
luminoso sueño de rosas, soy tu durmiente.
Luminoso durmiente de tus fragancias;
   profundo
durmiente de tus frías intimidades.

Y de pronto algo así: ¿que surja un sentimiento
porque pétalos toquen pétalos?

*Y esto: que un pétalo se abra del todo como un
    párpado,
y debajo no aparezcan más que párpados,
cerrados, como si, durmiendo diez veces,
tuvieran que amortiguar la potencia visual de
    un interior.*

Estos días me gustan estos versos sobre las rosas porque no puedo dormir bien y anhelo un sueño profundo pero luminoso, un *sueño de rosas*. Me gustaría desprenderme de mí soñando para convertirme en nadie, en un ser anónimo. Eso sería una redención. Hoy solo nos ocupamos del ego. Todos quieren ser alguien, hacerse notar, todo el mundo desea ser auténtico, ser distinto a los demás. Por eso todos son iguales. Echo de menos a seres anónimos.

En su famosa *Carta sobre el humanismo*, escribe Heidegger:

Pero, si el hombre ha de llegar de nuevo a la cercanía del ser, primero tiene que aprender a existir anónimamente. Tiene que advertir de igual manera tanto la seducción de la esfera pública como la impotencia de lo privado. Antes de ponerse a hablar, el hombre tiene que dejar que el ser lo interpele de nuevo, con el peligro de que bajo esta interpelación tendrá poco o rara vez algo que decir.

Hoy tenemos mucho que decir, mucho que comunicar, porque somos *alguien*. Hemos perdido el hábito tanto del silencio como de callarnos. Mi jardín es un lugar del silencio. En el jardín *yo creo silencio. Estoy a la escucha,* como Hiperión.

Todo mi ser enmudece y se pone a la escucha cuando la tierna ola de aire revolotea por mi pecho. Perdido en el vasto azul, a menudo lanzo mi mirada fuera, hacia el éter, y la adentro en el mar sagrado, sintiendo que un espíritu afín me abre sus brazos, como si el dolor de la soledad se desvaneciera en la vida de la divinidad. Ser uno con todo: esa es la vida de la divinidad y ese es el cielo del hombre.

La digitalización aumenta el ruido de la comunicación. No solo acaba con el silencio, sino también con lo táctil, con lo material, con los aromas, con los colores fragantes, sobre todo con la *gravedad de la tierra*. La palabra *humano* viene de *humus*, tierra. La tierra es nuestro espacio de resonancia, que nos llena de dicha. Cuando abandonamos la tierra nos abandona la dicha.

Lo análogo guarda una estrecha relación con lo táctil. Es asible y visible. En la película sobre el cuadro de Vermeer *La joven de la perla* hay hermosas escenas sobre la mezcla de pinturas. El protagonista se entusiasma con la belleza de la materia. Es magnífico ver cómo las pinturas se fabrican y se venden como en una exótica tienda de especias. Es divino el cristal azul con el que se fabrica el azul de Vermeer, el ultramarino. Las pinturas que empleaba Vermeer no se pueden fabricar artificialmente. Las pinturas se obtenían de piedras. Se trituran como si fueran especias. Parecen comestibles como las especias. Los polvos se mezclan con las pastas. También es misteriosa la consistencia de la materia. «Ácido de vino» es el nombre de un pigmento que se obtiene de las uvas. También de los excrementos de escarabajos se obtiene un colorante. Una pintura parece aceite de oliva, pero se fabrica con orina de toro. Las pinturas son aromáticas.

En último término, la digitalización elimina la propia realidad. O la realidad se des-realiza y acaba reducida a una ventana dentro de lo digital. Nuestro campo visual pronto parecerá una pantalla tridimensional. Cada vez nos alejamos más de la realidad. Mi jardín es para mí la *realidad recuperada*.

30 de junio de 2017

Ayer cayó en Berlín la lluvia del siglo. Berlín se transformó en un paisaje marino. Cuando acabó el aguacero salí al jardín. Estaba muy preocupado por mis amadas. El cielo seguía gris. El Wannsee resplandecía grisáceo. Al parecer la lluvia no ha dañado mis plantas. Les ha sentado bien. Todas crecen y florecen espléndidas. Las hortensias impresionan por su belleza, sobre todo la hortensia paniculata *Vanille Fraise*. El jardín me embriagaba hoy con su exuberante belleza. Es un lujo. Solo las rosas agachaban la cabeza. Todas las demás flores reverdecían y florecían espléndidas. Las flores de las hostas están henchidas. Bajo la lluvia parecen muy reconfortadas, reanimadas y dichosas. Parece que les gusta la lluvia.

1 de julio de 2017

La hortensia paniculata con sus flores fértiles tiene una belleza hechizante. La hortensia sargentiana florece por primera vez. Estuvo dos años enferma. Este año cambié toda la tierra que la rodeaba y la aboné. Ahora sí que tiene fuerzas para florecer.

Me gustan las plantas de sombra. Pero también me gustan las rosas. A diferencia de mí, las rosas aman el sol. Mi carácter no es precisamente soleado. Me gusta pasar el tiempo en la sombra, en la sombra luminosa, a la luz umbría. Las hostas tienen algo misterioso, algo inescrutablemente profundo. Sobre todo, me gusta identificarme con las hostas y las hortensias.

10 de julio de 2017

*Asoma la clara medialuna
por el viejo pino piñonero.
Las alcaparras van floreciendo en silencio.*

He abandonado por dos semanas mi amado jardín junto al Wannsee para regresar al paisaje mediterráneo. «Mediterráneo» significa literalmente *en medio de la tierra*. Así que aquí estoy especialmente cerca de la tierra. La *cercanía a la tierra* me llena de dicha. Pero el medio digital destruye la tierra, esta maravillosa creación de Dios. Amo el orden terreno. Nunca lo abandonaré. Experimento una sensación de profunda fidelidad, de hondo apego a este preciado regalo de Dios. Pienso que la religión no significa otra cosa que esta profunda compenetración que, sin embargo, me hace libre. Ser libre no significa vagar ni estar libre de compromisos. En estos momentos libertad significa para mí *pasar el tiempo en el jardín*.

Junto a la entrada del jardín hay un árbol viejísimo. Me quedé muy asombrado al ver que se trata de una morera. Hasta ahora solo conocía las

Moraceae

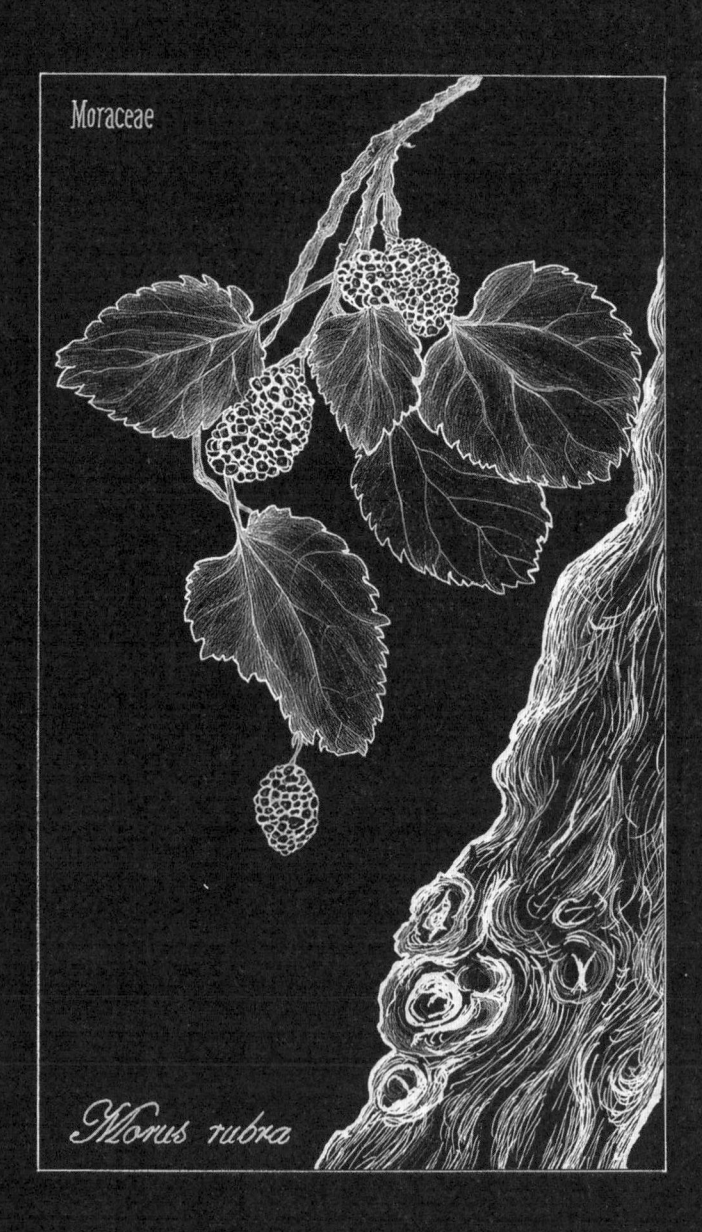

Morus rubra

moreras como zarzas. Por eso este árbol de moras, que ya tendrá unos siglos de edad, me resulta *bello como algo extraño*. Me llena de dicha. Ya su visión resulta salutífera, liberadora y redentora a la vez. Pienso que crecía en el jardín del Edén junto a los mirtos, los laureles y los canelos. Me encuentro, por tanto, en pleno paisaje de Hiperión.

Ahora me paso sentado todo el día y toda la noche hasta el amanecer junto a la morera. A su lado (vivo en una ladera del Vesubio) se encuentra un vetusto olivo. Pero la cabaña está bordeada de setos de buganvilla. Sus flores se parecen mucho a las de la hortensia. Las hojas de resplandor violeta, que normalmente se toman por las flores de la buganvilla, son en realidad hojas caducas. Estas hojas con apariencia de flor que resplandecen con sus colores se llaman brácteas. Envuelven dos o tres flores fértiles blancas muy pequeñas. A diferencia de la hortensia, a la buganvilla le encanta el sol. Casi lo codicia. La buganvilla es de verdad encantadoramente hermosa, pero no es misteriosa. Le falta la profundidad oculta. Y a mí me gustan las plantas de sombra, como las hortensias o las hostas. Pienso que mi hosta aromática o hermosa de día solo florece cuando yo estoy ausente.

Contemplando el soberbio panorama del Vesubio y del golfo de Nápoles bebo casi todo el día el vino tinto de la región de Campania *Lacryma*

Capparaceae

Capparis spinosa

Christi, es decir, las *lágrimas de Cristo*. Es el vino del Vesubio. Lentamente voy comprendiendo el dolor de Cristo. Pero también me gusta mucho el vino *Angelico* de Campania. Tiene un sabor realmente angélico. Los viñedos están aquí en las laderas del volcán. Antiguamente el vino era prensado por los monjes de los monasterios que se construyeron ahí. Tiene una profundidad que se podría designar como *sagrada*. Junto a mi cabaña hay algunos viñedos.

> *Si yo gritara, ¿quién me oiría desde los órdenes angélicos?*
> *Y aun suponiendo que uno de esos ángeles me llevara de súbito a su corazón*
> *su existencia más fuerte me haría perecer,*
> *pues lo bello no es más que el comienzo de lo terrible,*
> *que aun siendo comienzo apenas podemos soportar ya,*
> *y, si admiramos tanto lo terrible, es porque en su indolencia desdeña destruirnos.*
> *Todo ángel es terrible.*
>
> Rainer Maria Rilke, *Elegías de Duino*

Dios castigaría con dureza a los impíos napolitanos, que se piensan que la montaña sagrada es un vertedero de basura y le prenden fuego, y los asfixiaría con ceniza negra, como en Pompeya. El castigo divino es en verdad cruel, pero purificador. El Vesubio volverá a *imperar*. Su poder es distinto que el de los hombres. Es un poder *catártico*. Comprendo el dolor de Hiperión en medio de los griegos, que se habían vuelto impíos. Ante el altar he recitado el poema de D'Annunzio *He pasado mucho tiempo,* ese divino canto a la tierra.

Es embriagador y a la vez nos llena de dicha contemplar a la orilla del mar el crepúsculo matutino, la luz que vuelve a despertar. El Vesubio despierta. Sigue envuelto en humo. Arde.

La angosta vereda que lleva hasta mi cabaña a la orilla del mar está bordeada de alcaparras. En cierto modo parecen brotar del muro. Las flores de las alcaparras tienen una belleza encantadora. Casi parece que *irradian*. También la mimosa sensitiva tiene una flor parecida. Es pudorosa, irradia desde lo escondido.

Los alcaparrones son una de mis comidas favoritas. Pronto los recolectaré y me los llevaré a Berlín. Hay que dejarlos madurar varios meses en vinagre de vino.

Contemplando el Vesubio tocaba todos los días las *Variaciones Goldberg* de Bach. He mandado instalar un piano en mi cabaña junto al mar. La marca del piano es Horugel. Pero los italianos no pronuncian la consonante *h*. El encargado de la tienda de Nápoles que me alquiló el piano me dijo por teléfono que era un órgano. Yo le respondí que lo que necesitaba era un piano y no un órgano. Este piano tiene un sonido aceptable, pero le falta profundidad e intimidad. Toco a Bach todos los días en mi jardín a la orilla del mar.

 El paisaje mediterráneo es íntimo. Me conmueve en lo más hondo de mi ser. El aleteo de un pájaro negro me penetra. Me conmueve profundamente. Aquí todo es muy cercano y muy íntimo. *Íntimo* es el superlativo de *interior*. Estoy en medio del paisaje.

12 de julio de 2017

Por primera vez he dado una conferencia en Italia. He comenzado la conferencia recitando en italiano partes del poema de Gabriele D'Annunzio *La pioggia nel pineto (La lluvia en el pinar)*:

Taci. Su le soglie
del bosco non odo
parole che dici
umane; ma odo
parole più nuove
che parlano gocciole e foglie

lontane.
Ascolta. Piove
dalle nuvole sparse.
Piove su le tamerici
salmastre ed arse,
piove su i pini
scagliosi ed irti,
piove su i mirti
divini,
su le ginestre fulgenti
di fiori accolti,
su i ginepri folti
di coccole aulenti,
piove su i nostri volti
silvani,
piove su le nostre mani
ignude,
su i nostri vestimenti
leggieri,
su i freschi pensieri
che l'anima schiude
novella,
su la favola bella
che ieri
t'illuse, che oggi m'illude,
o Ermione.

*[Calla. En los umbrales
del bosque no oigo
las palabras que llamas
humanas; pero oigo
palabras más nuevas
que hablan gotas y hojas
lejanas.
Escucha. Llueve
desde las nubes desperdigadas.
Llueve sobre los tamariscos
salobres y quemados,
llueve sobre los pinos
escamosos y ásperos,
llueve sobre los mirtos
divinos,
sobre las fulgentes retamas
de flores henchidas,
sobre los rebosantes enebros
de fragantes bayas,
llueve sobre nuestros rostros
silvestres,
llueve sobre nuestras manos
desnudas,
sobre nuestras vestimentas
ligeras,
sobre los frescos pensamientos
que el alma proclama
como buena nueva,*

sobre la bella fábula
que ayer
te encandiló
y que hoy me encandila,
oh, Hermione.]

Odi? La pioggia cade
su la solitaria
verdura
con un crepitìo che dura
e varia nell'aria
secondo le fronde
più rade, men rade.
Ascolta. Risponde
al pianto il canto
delle cicale
che il pianto australe
non impaura,
nè il ciel cinerino.
E il pino
ha un suono, e il mirto
altro suono, e il ginepro
altro ancóra, stromenti
diversi
sotto innumerevoli dita.
E immersi
noi siam nello spirto

silvestre,
d'arborea vita viventi;
e il tuo volto ebro
è molle di pioggia
come una foglia,
e le tue chiome
auliscono come
le chiare ginestre,
o creatura terrestre
che hai nome
Ermione.

[¿Oyes? Cae la lluvia
sobre la solitaria
verdura
con un crepitar que perdura
y se va alternando en el aire,
según si la fronda
es más o menos espesa.
Escucha. Responde
al llanto el canto
de las cigarras,
a las que no asusta
ni el llanto austral
ni el cielo ceniciento.
Y el pino
tiene un sonido, y el mirto

*tiene otro, y el enebro
todavía otro, instrumentos
diversos
bajo innumerables dedos.
E inmersos
estamos en el espíritu
silvestre
de arbórea vida viviente;
y tu rostro mojado
parece una hoja
salpicada de lluvia,
y tu cabello
huele como
la luminosa retama,
oh, criatura terrestre
que tienes por nombre
Hermione.]*

Inicialmente estaba previsto que el poema lo recitara el protagonista de mi película *El allanador*. Pero no le salía bien el recitado. Hoy he *cantado* en italiano el poema de D'Annunzio. Después de todo, el poema es un *canto a la tierra*. Tiene que ser *cantado*.

Nyctaginaceae

Bougainvillea

17 de julio de 2017

Hoy he estado en la basílica de Santa Clara. En el silencioso claustro con sus cerámicas pintadas a mano había un viejo naranjo. Recogí una naranja del suelo. Su aroma es magnífico. Me la quiero llevar a Berlín para recordar la tierra de Nápoles. Pero los gases de escape de los impíos hombres contaminan con su pestilencia la fragante tierra.

En la catedral me bendijo un franciscano. Se llamaba Giuseppe. Nos abrazamos. Mi nombre de pila es Alberto. En Italia hay muchos Albertos. Un taxista de Nápoles se llamaba Alberto. Me dijo que el 7 de agosto es el día de mi santo. No debería olvidarlo. En Corea me bautizaron en la iglesia con el nombre de Alberto. La iglesia católica estaba justo al lado de mi casa. Yo nací en el seno de la fe, y en él fui *resguardado*. Rezaba a diario el rosario. La monja que adornaba con flores el altar siempre nos regalaba una a mí y a mi hermana, que nos pasábamos el día sentados en las escaleras que había delante de casa. Por eso la llamábamos la monja de las flores. Era guapa y *buena*.

En la catedral en la plaza de Santa Clara me quedé lleno del Espíritu Santo, que resplandecía luminoso en el altar. Pero aquí los hombres o tienen miedo de la luz o son ciegos para verla. Los turistas se hacían *selfis* delante del altar, delante del Espíritu Santo, que en realidad nos hace totalmente altruistas. El espíritu es amor y reconciliación. Traté de expulsar a estos desconsiderados turistas. Algunos protestaron airadamente contra mi cólera. Comprendo a Jesús, que expulsó a los mercaderes del templo. El dinero destruye el espíritu. La tierra es preciosa e impagable. Pero los hombres la destruyen por dinero. ¡Qué infamia!

20 de julio de 2017

Es hermoso deambular por el jardín al amanecer y contemplar las plantas. Su sublimidad me llena siempre de asombro.

Nunca me gustó la hiedra. Se propaga incluso por las tumbas y los muros. Me gustan las plantas de sombra, pero solo las que resplandecen luminosas. Las astilbes, por ejemplo, resplandecen rosas. Hasta ahora pensaba que la hiedra carece de luminosidad. En el jardín junto al mar aparece bajo una luz totalmente distinta gracias a su flor de un blanco resplandeciente. Inicialmente yo pensaba que la hiedra solo tiene hojas de color verde oscuro y que no florece. Hoy he visto una hiedra florida y he admirado su belleza. Resplandece. Sus capullos aún sin abrir tienen un vello de un brillo sedoso. Me he enamorado de ella. Amo su esplendor oculto.

En la Antigüedad la hiedra era símbolo de embriaguez. Recuerdo que en el diálogo platónico *El banquete* la hiedra se asocia con la ebriedad:

Se presenta Alcibíades totalmente borracho, llevando una corona de hiedra y violetas (las insignias de Dionisos) y con el pelo adornado de cintas, acompañado de los trasnochadores y de la flautista que habían enviado al comienzo del banquete.

La hiedra es indestructible. Pero también es un símbolo de amor y fidelidad. Tras su muerte de amor, Tristán e Isolda fueron enterrados por separado. Pero se cuenta que sobre sus tumbas crecieron zarcillos de hiedra que volvieron a enlazar a ambos en su amor. La hiedra tiene un ritmo vital especial que hace que me resulte simpática. Solo florece al cabo de muchos años, pero entonces lo hace hasta entrado el invierno. Sus flores atraen a las abejas y las mariposas. Le gusta sobre todo a la bella mariposa Vanessa, con su esplendor rojo y negro.

21 de julio de 2017

Súbitamente enrojecen las alcaparras y se abren como si estuvieran ebrias. En su interior las semillas son negras. He arrancado algunas alcaparras rojas y he extraído las semillas del mucílago muy viscoso. Ojalá germinen y broten del muro, aunque solo sea durante un verano. Seguramente no sobrevivirán al invierno berlinés.

Ahora que estoy muy lejos de mi jardín quiero nombrar algunas plantas que todavía no se han mencionado: he plantado, por ejemplo, un viburnum coreano aurora, *Viburnum carlesii,* con capullos de flor rosados. No lejos de él se yergue el pino parasol japonés, *Sciadopitys vercitillata.* Tras un largo periodo de detención, este año se ha agrandado considerablemente. Sus nuevos brotes son de un verde claro. También es hermoso el acónito común blanco, *Aconitum napellus.* Una belleza discreta tiene la cincoenrama leñosa, *Potentilla fruticosa.* En el rincón soleado crecen entre las piedras las saxífragas. Les gustan las piedras. «Saxífraga» significa literalmente rompepiedras. La calicarpa china *Callicarpa bodinieri,* que también tiene el nombre común de bayas bonitas, da unos frutos realmente hermosos que brillan como perlas violetas. En el mercado de flores del Jardín Botánico he comprado la albahaca coreana *Houttuynia cordata,* también llamada planta camaleón. Emite un peculiar olor carnoso. En realidad, se llama hierba con olor a pescado o cola de lagarto.

En la linde del jardín se yergue el rododendro preprimaveral, que como su nombre indica florece muy pronto. En la sombra florece el diente de perro, *Erythronium dens-canis*. Pertenece a la familia de las liliáceas. Es muy encantadora la cárex, *Carex baldensis,* que he plantado junto a la pila de piedra caliza. En la pila tuve una vez dos ciprinos dorados japoneses, que tuve que soltar al lago de Wannsee poco antes del invierno. En la parte umbría del jardín resplandece la fumaria o corazón sangrante, *Dicentra spectabilis.* Tengo muchas hierbas en mi jardín: aspérula olorosa o reina de las flores, tomillo, coriandro o cilantro, menta, albahaca y perejil. La lavándula es indestructible. Florece hasta llegado el fin de otoño. En invierno froto sus hojas entre los dedos y luego los huelo. Su aroma es muy calmante. También me gusta la fragancia de la hierba de oliva o santolina verde, *Santolina viridis*.

23 de julio de 2017

Afortunadamente el Vesubio ha dejado de arder. Vuelve a mostrar sus contornos claros. Nado todos los días en dirección al Vesubio. Me llena de dicha mirar hacia el mar y hacia los altos montes negros en el horizonte. Recubro mis pies de arena caliente y restriego entre los dedos las pequeñas conchas que hay en ella. Los lagartos corretean rápidos por el muro. Al parecer les gusta la tierra y su calor.

Saururaceae

Houttuynia cordata

Hoy he nadado en pos de una gaviota de pico amarillo. Estaba posada tranquilamente en el agua. Cuando quise tocarla echó a volar. La gaviota es un animal muy encantador.

25 de julio de 2017

Estoy de vuelta en Berlín. En mi jardín napolitano junto al mar percibía una calidez divina. La vieja morera, que inicialmente tomé por una zarza, fue una bendición que me hizo profundamente feliz. La estancia junto al mar fue hermosa y *calmante*. Lo único que estropeaba la fragante calma de la naturaleza fue la penetrante pestilencia de lo humano, incluso de lo demasiado humano.

Pronto pondré en vinagre los alcaparrones que recolecté. Sin embargo, las yemas, las auténticas alcaparras, tienen un sabor más fino que los alcaparrones. Pero ambos tienen el mismo aroma.

Durante el vuelo de regreso tenía la sensación de estar sobrevolando un eterno desierto helado. Nubes que surgían aisladas parecían icebergs. Así pues, el vuelo de regreso a Berlín fue un viaje invernal de tipo peculiar.

Poco antes de medianoche me apresuré a ir a mi jardín junto al Wannsee, como si fuera una amada hija que dejé sola durante dos semanas.

No podía esperar hasta la mañana siguiente. Experimentaba un sentimiento de obligación y amor hacia mi jardín.

Jamás había visto semejantes lluvias torrenciales en Berlín. Llovía a chorros como una tromba de agua. Tras dos semanas sin lluvia el chaparrón me sentó bien. Pensé que para D'Annunzio las lluvias escasas debían de tener un valor especial, incluso un valor divino, como si fueran lágrimas de Cristo, *Lacryma Christi*. De modo que la lluvia puede ser una bendición:

Se tienden los bosques
Se precipitan los arroyos
Perduran las rocas
Se escurre la lluvia.

Aguardan los prados
Brotan los manantiales
Moran los vientos
Medita la bendición.

¿Moran los vientos? En realidad, eso no es cierto. *Los vientos peregrinan.* Pero Heidegger y su *corazón* más bien estaban arraigados. Le gustaba el asentamiento y no la migración. Es un pensador grecogermano. Zhuangzi, al contrario, ama el peregrinaje. Su *Canto a la tierra* diría:

Reposan los bosques
Fluyen los arroyos
Descuellan las rocas
Cae la lluvia.

Se demoran los prados
Se precipitan los manantiales
Peregrinan los vientos
Terrea la bendición.

He contemplado mis flores bajo el aguacero. La linterna, a la que me gusta dar mal uso empleándola como foco para la cámara, hacía que parecieran aún más hermosas.

Me embriaga la visión de las hortensias que florecen con exuberancia. Aman la lluvia. Las yemas de la hortensia sargentiana tienen primero una forma protuberante. Luego se abren con un soberbio esplendor. Parecen explotar realmente, como fuegos artificiales a cámara lenta. Su belleza es indescriptible.

He cortado rosas bajo la lluvia. A las rosas no les gusta la lluvia. Les deseo mucho sol. Las ciruelas amarillas, las manzanas y las uvas van madurando lentamente. Las grosellas tienen ya un sabor delicioso. A causa de la continua humedad crecen bajo el ciruelo algunas setas grandes. Quizá sean venenosas, pero tienen una fragancia terrosa.

Liliaceae

Tricyrtis japonica

La fragancia es agradable. Me gustaría comérmelas. La hermosa de día todavía no florece. Es una tardana, pero a cambio florece luego también en el umbral del invierno. Las flores violetas de las campánulas parecen pregonar con voz aguda en la noche. La lavándula llena con su fragancia el día lluvioso. También el arbusto de mariposas sufre en estos momentos bajo la lluvia. Este año solo han acudido a él unas pocas mariposas.

Hoy me tuvo tan preocupado la fealdad del mundo que me perdí el eclipse de luna. ¡Qué mala suerte!

11 de agosto de 2017

Las manzanas han alcanzado un tamaño considerable. Las ciruelas amarillas van madurando lentamente. Es hermoso contemplar su reluciente brillo dorado. Tienen un sabor ácido. Todavía florece el arbusto de mariposas. Una mariposa cleopatra y una mariposa pavo real están posadas inmóviles en las umbelas de color violeta claro.

De pronto me zumbó en el oído una gran libélula gris. Ya estuvo aquí el año pasado. Quizá sea una buena señal. De niño yo cazaba libélulas con el cazamariposas, pero luego las liberaba. No entendía la crueldad de mis compañeros, que las mutilaban. También me gustaba pescar. Los peces que pescaba también volvía a dejarlos libres. Al fin y al cabo, pescar era solo una meditación. En realidad, el trabajo en el jardín no es un trabajo, sino una meditación, un demorarse en el silencio.

Florece la hermosa de día. Es extraño que este año no huela. ¿Hizo un tiempo demasiado húmedo? En realidad, es una flor aromática de floración tardía. La milenrama es hermosa de mirar. Se parece a la hortensia. Yo no la he plantado. Visitó mi jardín como *hierbajo* y me llenó de dicha. Hubo también otros *hierbajos* que, sin embargo, he querido dejar en mi jardín, porque son bellos y al fin y al cabo no proliferan. También ellos son *solitarios*.

15 de agosto de 2017

Hay flores de aspecto raro o extraño. En el patio interior de mi vivienda en Berlín hay un arbusto con una prodigiosa flor. Parece un farolillo chino. Primero pensé que el arbusto era una fumaria o *corazón sangrante*. Pero no lo es. Parece una exótica pantalla de lámpara con cuatro bolillos que penden a modo de adorno. Tengo en el jardín un alquequenje o farolillo. Hasta entrado el otoño resplandece rojo junto a los cosmos.

21 de agosto de 2017

Florece la hermosa de día. Me encanta esta hosta de floración tardía. Hay una fragancia de lo *tardío*. Los lirios sapo o tricirtis empiezan a florecer. También tienen una floración tardía. Las anémonas de otoño resplandecen blancas y rosas. El sauzgatillo resplandece en silencio hasta entrado el otoño. La albahaca coreana tiene una flor muy peculiar. Tiene un *pistilo* blanco en forma de émbolo con cuatro brácteas blancas. Las hierbas tienen a menudo hermosas flores. El año que viene sembraré la menta coreana. A diferencia de las especies locales de aquí, se supone que no se propaga. No me gustan las plantas que proliferan.

25 de agosto de 2017

Hoy es un húmedo y frío día otoñal. *Otoñea* ya. Las ciruelas amarillas han tomado un color amarillo oscuro y tienen un sabor delicioso. Este año hay muchas. Al manzano, por el contrario, parece no irle bien. Solo se pueden ver unas pocas manzanas. Este año tienen un sabor ácido y amargo. Al parecer, al árbol le faltó más sol. El pino parasol japonés se ha hecho este año mucho más grande y resplandece verde claro.

Tras unos devastadores incendios forestales parece que el mundo se esté hundiendo en estos momentos bajo unas lluvias diluviales. Los hombres deterioran la tierra. Ahora reciben el castigo por su falta de escrúpulos y su insensatez. Hoy hace más falta que nunca una *loa a la tierra*. Tenemos que tratar con cuidado la tierra. De lo contrario, pereceremos por culpa de la destrucción que nosotros mismos causamos.

Pero donde acecha el peligro
también crece lo salvador.

Friedrich Hölderlin

29 de agosto de 2017

Hoy es un día soleado, pero ya bastante otoñal. Los rosales aún tienen ganas de florecer. Siguen floreciendo impertérritos. He vuelto a podarlos. Las hortensias dan sus últimas flores. Han perdido mucho color y luminosidad. Lentamente van palideciendo sus coloridos pseudantos. Especialmente hermosa de ver este año es la hortensia blanca de floración tardía, que se ha vuelto rosada. Florece medio escondida entre las hostas.

Las umbelas resecadas de las hortensias son bellas sobre todo en invierno. Son las flores invernales más hermosas, que me hacen dichoso durante todo el invierno. Aprecio mucho su belleza mórbida. Cuando se alzan en primavera junto a los brotes de un verde intenso tienen un aspecto especialmente encantador.

Entre las flores olorosas la hermosa de día de floración tardía tiene la fragancia más hermosa. Ninguna otra flor de mi jardín emite un aroma tan elegante, tan sutil, tan reservado, tan noble y refinado. Me gustaría oler como ella.

3 de septiembre de 2017

Aunque el ojo de Venus todavía echa flores aisladas, los días son ahora ya muy frescos. El sauzgatillo sigue floreciendo con dignidad. Ilumina el otoño. Los que florecen más hermosos en estos momentos son el hibisco blanco, que se ha puesto muy alto, y las anémonas de otoño japonesas. Yo las llamaría la radiante perenne, *Coruscis perennis*. El hibisco tiene mucho encanto y pureza. Como tantas otras flores bellas, proviene de Asia. Mi jardín secreto es, por tanto, un *jardín del Lejano Oriente*. La flor invernal china *Chimonantus praecox,* de nombre común quimonanto o calicanto japonés, que está en mi jardín desde hace ya tres años, se sigue reservando con su floración. Se dice que tiene una fragancia embriagadora. Espero que florezca el año que viene. *Esperar* es el modo temporal del jardinero. Por eso mi loa a la tierra va dirigida a la *tierra venidera*.

20 de noviembre de 2017

Hoy hace un frío gélido. Llueve y graniza. Poco antes del amanecer volví a estar brevemente en el jardín. La hojarasca llega ya hasta la rodilla. El cerezo de invierno florece casi extáticamente, como si fuera primavera. La blanca hortensia paniculata sigue floreciendo. Es increíble que florezca con este frío invernal. Otras hortensias se han marchitado del todo. Las rosas conservan casi pertinaces su forma y su color. Cuando la escarcha se pone sobre ellas cobran un aspecto especialmente fascinante.

El epicarpio de las bayas del aquequenje o farolillo se ha vuelto ahora totalmente transparente. A través de su armazón finamente estructurado se ve el fruto rojo. El conjunto ofrece el aspecto de una valiosa alhaja. La tierra es una artista, una jugadora y una seductora. Es romántica. Suscita en mí un sentimiento de agradecimiento. Y me ha dado mucho que pensar. Pensar es agradecer.

Calycanthaceae

Chimonanthus praecox

De niño hacía con la baya del aquequenje un pequeño globo, vaciándola con mucho cuidado. Se la puede tocar con la boca como si fuera un instrumento y sacarle algunos sonidos. Tengo en mi jardín un trozo de infancia.

La calicarpa china echa perlas violetas que resplandecen al amanecer. La tierra es bella, e incluso mágica. Deberíamos respetarla, tratarla con esmero, e incluso alabarla, en lugar de explotarla tan brutalmente. Lo bello nos obliga al respeto y al esmero. Lo he aprendido y experimentado.

• Índice de ilustraciones •

Acónito de invierno, *Eranthis hyemalis* 46
Adormidera, *Papaver paeoniflorum* 139
Albahaca japonesa, planta camaleón,
    cola de lagarto, *Houttuynia cordata* 165
Alcaparra, *Capparis spinosa* 150
Anémona del Japón, *Anemone
    hupehensis* 79
Avellana de bruja, *Hamamelis* 54
Buganvilla, *Bougainvillea* 159
Calicanto japonés, quimonanto,
Chimonanthus praecox 176
Camelia común, *Camellia japonica* 63
Cerezo de flor, cerezo de invierno,
    Prunus subhirtella autumnalis 42
Eléboro negro, *Helleborus niger* 121
Flor de hielo, *Flos glacialis* 23
Hepática, *Hepatica nobilis* 35
Hermosa de día, hosta aromática,
    Hosta plantaginea 72

Hortensia paniculata, *Hydrangea paniculata* 112
Jazmín de invierno, *Jasminum nudiflorum* 14
Lily sapo peludo, Lis de crapaud, tricirtis, *Tricyrtis japonica* 169
Morera, *Morus rubra* 148
Narciso de otoño o azafrán silvestre, *Colchicum autumnale* 88
Perilla, sésamo silvestre, *Perilla frutescens* 107
Sauzgatillo, agnocasto, *Vitex agnus-castus* 100
Saxifraga, *Saxifraga kabschia* 129
Siempreviva, *Xerochrysum bracteatum* 93
Viburnum de invierno, *Viburnum bodnantense* 28